Башкирские сказки

바시키르인 이야기

<지식을만드는지식 소설선집>은
인류의 유산으로 남을 만한 작품만을 선정합니다.
오랜 시간 그 작품을 연구한 전문가가
정확한 번역, 전문적인 해설, 풍부한 작가 소개, 친절한 주석을 제공하는
고급 소설 선집입니다.

지식을만드는지식 소설선집

시베리아 설화집

Башкирские сказки

바시키르인 이야기

작자 미상

엄순천 옮김

대한민국, 서울, 지식을만드는지식, 2019

편집자 일러두기

- 이 책은 ≪바시키르 민담집(Башкирское народное творчество. Том V. Бытовые сказки)≫(Уфа:Башкирское книжное издательство, 1990), ≪바시키르 신화와 전설(Башкирские предания и легенды)≫(Уфа:Башкирское книжное издательство, 1985), http://www.tale-store.ru/skazki-narodov-mira/40-baskirskie-narodnye-skazki, http://lik-kuzbassa.narod.ru/bashkir-skaz.htm, http://www.dreams4kids.ru/skazki-narodov-rossii/bashkirskie-skazki/를 원전으로 옮긴이가 가려 뽑아 번역했습니다.
- 주석은 모두 옮긴이가 단 것입니다.
- 외래어 표기는 현행 한글어문규정의 외래어표기법을 따랐습니다.

차 례

별 이야기

동물 이야기

왕 이야기

지혜로운 바시키르인 이야기

별 이야기

큰곰자리

아주 먼 옛날 지구는 숟가락, 하늘은 찻잔만 한 크기였다. 점점 사람이 많아졌다. 동물도 점점 더 많아졌다. 지구는 점점 커졌고 하늘도 커졌다.

그때 사람들은 모두 모여 한 솥에서 식사를 했다. 하지만 어디선가 솥보다 큰 거인이 나타났다. 어떻게 해야 하나? 사람들은 더 큰 솥을 만들기로 했다. 은으로 솥을 만들고 금으로 국자를 만들었다. 솥을 본 거인은 솥이 마음에 든다며 솥을 들어서 이리저리 훑어본 뒤 제자리에 놓았다. 그러고 나서 국자를 들더니 너무 가볍다며 하늘로 던졌다. 거인이 날아가는 국자를 손으로 잡으려 했지만 국자는 빙글빙글 돌며 날아가더니 그대로 별 사이에 가서 꽂혔다.

거인의 국자는 그날부터 그곳에서 북두칠성이 되어 반짝거리고 있다. 별 네 개는 국자의 숟가락이, 별 세 개는 손잡이가 되었다. 국자는 밤이 되면 아래로 내려왔다가 아침이면 하늘 위로 올라간다.

달나라로 간 사슴들과 늑대

옛날 이 땅에는 사람이 살지 않았고 새와 동물들만이, 그것도 산에만 살고 있었다. 그런데 어느 날 한 노인이 이 땅에 나타났다. 화들짝 놀란 동물들이 물었다.

"왜 이곳에 왔죠?"

"고양이가 쥐를, 동물이 동물을, 사람이 사람을 쫓고 죽이는 게 보기 싫어서 조용한 곳을 찾아서 오다 보니 이곳까지 왔구나."

노인은 그곳에서 오랫동안 살았다. 마침 노인이 목욕을 하러 강으로 내려갔다. 송어가 떠내려오다가 물었다.

"잠깐만요! 농어가 나를 잡아먹으려고 해요. 어디에 숨는 게 좋을까요?"

"산 계곡으로 올라가. 찬물로 가면 농어가 더 쫓아오지 못할 거야."

송어는 노인이 시키는 대로 했다.

어느 날 노인은 산에 갔다가 멧닭을 만났다.

"잠깐만요! 독수리가 나를 잡아먹으려고 해요. 어디에 숨는 게 좋을까요?"

"숲속으로 숨어. 독수리는 숲속으로는 들어오지 않잖

아."

멧닭은 노인이 시키는 대로 했다. 멧닭은 덕분에 숲에서 편하게 잠이 들었다.

어느 날 노인은 초원을 걷다가 사슴 두 마리를 만났다.

"잠깐만요! 우리 좀 구해 주세요. 늑대가 우리를 쫓아오고 있어요."

"그렇게 같이 달리지 말고 둘이 번갈아 가면서 달려 봐. 그러면 덜 지치니까 늑대를 따돌릴 수 있을 거야. 이리 와 봐! 너희를 묶어 줄게."

노인은 사슴 두 마리를 등을 맞대게 한 뒤 묶으면서 말했다.

"이제부터 한 마리가 달리면 다른 한 마리는 쉴 수 있을 거야. 서로 번갈아 달리면 힘이 덜 드니까 늑대를 따돌릴 수 있을 거야."

그 시각 늑대는 사슴들을 신나게 쫓아왔는데 불현듯 눈앞에서 사라졌다. 사슴들은 교대로 달리면서 이미 큰 산 꼭대기에 가 있었다. 등 위에서 휴식을 취하던 사슴이 말했다.

"저기 산까지 달려 봐!"

그런데 사슴은 산꼭대기로 달리려다 잘못해서 그만 달나라로 달려가고 말았다. 사슴을 쫓던 늑대도 그 뒤를 따라 달나라로 냅다 뛰었다.

그날 이후 달나라에는 사슴 두 마리와 늑대가 살게 되었다. 그들은 영원히 서로 쫓고 쫓기고 있다. 어째서인지 뒤에 있는 늑대는 도저히 사슴을 따라잡지 못한다. 왜일까? 앞에서 뛰는 사슴들은 발이 여덟 개이기 때문이다. 사슴들은 네 발은 뛰고 네 발은 쉰다. 뛰던 네 발이 지치면 등을 돌려서 충분히 휴식을 취한 네 발이 달린다.

아가씨와 달

신비할 정도로 예쁜 바시키르 아가씨가 달밤에 물을 길으러 갔다. 밤은 조용하고 아름다웠다. 아가씨가 매료될 만큼 달빛은 밝고 영롱했다. 아가씨는 속으로 생각했다.

'달은 정말 멋져! 분명 저 달은 마음이 좋을 거야. 그리고 하늘에서 기쁜 마음으로 이곳을 보고 있을 거야!'

그렇게 생각하면서 아가씨는 강가로 갔다. 강기슭의 모래가 물에 씻겨 나가면서 누군가의 거대한 뼈가 드러났다. 무사가 분명했다. 무사가 아니라면 대체 이렇게 거대한 뼈의 주인이 누구란 말인가? 아가씨는 달을 쳐다보면서 아무 생각 없이 중얼거렸다.

"몸집이 정말 거대한 무사로군. 내게 달처럼 잘생기고 멋진 남편이 있다면 정말 좋을 텐데! 그에게 이 무사만큼 거대한 아들을 낳아 줄 수 있을 텐데!"

달이 아가씨를 아내로 맞이했다. 그래서 지금도 아가씨는 물동이를 들고 하늘에 서 있다.

직녀별이 된 주호라

바시키르 선조들이 하늘에서 땅으로 내려올 때 천사들도 그 뒤를 따라 내려오고 싶어 했다. 하는 수 없이 그들은 달콤한 말로 신을 유혹했다.

"당신이 만든 사람들이 땅에서 죄를 짓고 있습니다. 우리를 내려보내서 그들을 벌하게 하십시오."

신은 두 천사에게 인간의 감정을 불어넣고 죄를 짓지 않겠다는 다짐을 받은 뒤 땅으로 내려보냈다. 그들 중 한 명은 신관이, 다른 한명은 재판관이 되었다.

어느 날 아내 주호라와 남편이 신관을 찾아왔다. 주호라는 누가 봐도 한눈에 반해서 정신을 잃을 만큼 눈부시게 아름다웠다. 신관은 주호라의 남편을 지하 감옥에 가두고 주호라를 차지하기로 마음먹었다. 신관은 주호라의 남편을 재판에 넘겼다. 재판관도 주호라를 본 순간 신관과 똑같은 흑심을 품었고 주호라의 남편은 지하 감옥에 갇히는 신세가 되었다.

잠시 뒤 누가 주호라를 가질 것인가를 놓고 신관과 재판관 사이에 다툼이 벌어졌다. 주호라는 어리석은 여인이 아니었다. 이 문제를 직접 해결하겠다고 나섰다.

“내게 두 가지 요구 조건이 있습니다. 첫째는 내게 이 세상에서 가장 아름다운 반지를 가져오는 것이고 둘째는 두 분 다 포도주를 능력이 닿는 데까지 최대한 많이 마시는 겁니다. 저는 두 요구 조건을 모두 이행하는 사람에게 가겠습니다.”

신관과 재판관은 세상에서 가장 아름다운 반지는 금방 찾아낼 수 있었다. 둘은 주흐라에게 돌아와서 보석보다 아름다운 주흐라의 손가락에 반지를 끼워 준 뒤 포도주를 마시기 시작했다. 서로 더 많이 마시려고 경쟁했다. 주흐라는 밑도 끝도 없이 마셔 대는 둘의 모습에 혐오를 느끼다 못해 앞으로 펼쳐질 자신의 삶이 너무 참담하다는 생각에 쉴 새 없이 눈물을 흘리기 시작했다.

이것을 본 두 천사는 주흐라를 하늘로 데리고 갔다. 이때부터 반지를 낀 주흐라는 하늘 궁전에서 아름다운 별처럼 빛나고 있다.

거문고자리

아가씨 주흐라는 아주 어린 나이에 고아가 되었다. 계모는 주흐라를 항상 괴롭혔다. 집에 들어오지도 못하게 해서 주흐라는 발 닿는 곳을 방으로 생각하고 그냥 누워서 잤다.

어느 날 괴물들이 주흐라를 아주 멀고 먼 곳으로 납치한 뒤 어마어마하게 큰 통에 물을 채워 놓으라고 했다.

"채워 넣지 못하면 너는 죽은 목숨이야!"

주흐라는 물을 쉼 없이 길어 와 통에 넣었지만 통은 채워지지 않았다.

아침노을이 막 떠오를 무렵 괴물들이 돌아왔다. 주흐라는 슬픈 눈으로 달을 응시하면서 눈물로 애원했다.

"달아, 내가 불쌍하고 가볍지 않니? 나를 데려가 줘! 이 괴물들이 나를 죽일 거야…."

달은 주흐라를 하늘로 데려가서 자기 옆에 놓았다. 그날 이후 주흐라는 별이 되었고 그 별을 사람들은 주흐라 이온도스라고 부른다.

은하수

언제 적 이야기인지 도저히 알 수가 없다. 당시에는 별도 은하수도 없었다. 매년 여름이 되면 어김없이 남쪽 나라 어디에선가 우랄 지방의 사크마라와 아기델라 계곡으로 학들이 날아왔다. 사람들은 학들이 힌두스탄에서 왔다고 생각했다.

어느 쌀쌀한 가을날, 학들은 따뜻한 남쪽 지방으로 날아갔다. 그런데 느닷없이 한 치 앞도 보이지 않는 강한 눈보라가 몰아쳤다. 어린 학들은 무척 당황했고 누군가는 하늘에 가서 부딪혔고 또 누군가는 너무 지친 나머지 땅으로 곤두박질쳤다.

그러자 어른 학들은 어린 학들에게 길을 알려 주기 위해 하늘에 자신들의 깃털을 흩뿌렸다. 신기하게 이 깃털들은 그 자리에서 별이 되었다. 뒤에 처진 어린 학들은 이 별 길을 따라 무사히 따뜻한 남쪽 나라에 도착했다. 이후 이 길을 사람들은 은하수 또는 착한 새라고 불렀다.

동물 이야기

매와 닭 부부

믿고 싶으면 믿고, 믿고 싶지 않으면 믿지 않아도 상관없다. 소나무 숲에 무척 아름다운 매가 살았다. 눈썹은 밝게 빛났고, 눈은 황금빛이었으며, 가슴은 잿빛이었다. 게다가 매의 목에는 영롱한 진주 목걸이가 걸려 있었고 정수리에서는 선홍빛 볏이 아름답다 못해 도도하게 도드라져 보였다. 매는 무척 선량하고 붙임성이 있었다. 그래서인지 매는 늘 멀리 떨어진 마을의 닭 부부에게 놀러 오곤 했고 닭 부부는 종일 매에게 음식을 대접했다. 함께 둥근 먹이통에서 보리와 수수를 쪼아 먹다가 매가 암탉에게 말했다.

"아주 맛있어요! 요리 솜씨가 정말 뛰어나시군요! 나는 법을 가르쳐 드릴 테니 꿩을 잡아 제게 꿩 요리를 해 주세요."

암탉은 날고 싶었지만 자신은 매가 아니라는 사실을 알고 있었다. 게다가 매가 자신과는 신분이 다르다고 생각했다. 매는 흰 눈처럼 맑고 영롱한 진주 목걸이를 하고 있지 않은가! 암탉은 자신과는 비교도 되지 않을 만큼 아름답고 고고한 매가 자신에게 나는 법을 가르쳐 준다는 말에 그저 황송하고 송구할 따름이었다.

"어머나! 나 같은 닭에게 나는 법을 가르쳐 주시겠다니요!"

암탉은 매의 뒤를 따라가면서 자신의 짧은 날개를 푸드덕거렸다. 웅덩이 위쪽으로 정말 아주 조금 날아올랐다. 그 순간 매의 진주 목걸이에 넋을 빼앗겨 날갯짓하는 것을 잊어버리는 바람에 결국 땅으로 내려앉았다. 날아올랐다가 매의 진주 목걸이를 보는 순간 다시 땅으로 쿵…. 결국 암탉은 나는 법을 배우지 못했다.

그 시각 수탉은 매의 볏을 보고 있었다. 수탉도 정수리에 볏이 자라고 있었지만 매의 볏과는 비교도 안 되는 매끈매끈한 깃털에 불과했다. 수탉도 암탉처럼 생각했다.

'내게 매와 같은 볏이 있으면 얼마나 좋을까! 정말 멋질 텐데….'

수탉은 자신의 머리에 선홍빛 볏이 자라는 상상에 빠졌다. 장밋빛 노을이 질 때 장밋빛 이슬을 머리에 맞으면 내 볏도 선홍빛이 되지 않을까…. 그렇게 했다. 드디어 똑! 이슬이 떨어졌다! 수탉은 환희에 온몸을 부르르 떨면서 닭장에 있는 암탉에게 전속력으로 달려갔다.

"나 좀 봐! 내 머리에 무엇이 자라고 있는지 보여?"

암탉은 수탉을 태연무심하게 바라보면서 말했다.

"아무것도 없는데…."

수탉은 이만저만 실망한 게 아니었다. 수탉은 이번에는 비가 내리고 무지개가 피어오르기만 기다렸다. 드디어 비가 내렸다. 그것도 억수같이…. 비가 강물처럼 쏟아진 뒤 무지개가 피어나자 수탉은 앞발로 무지개를 파헤쳐서 일곱 색깔 물감을 자신에게 칠했다. 그리고 암탉에게 다시 물었다.

"나 좀 봐! 내 머리에 무엇이 자라고 있는지 보여? 내 깃털이 얼마나 아름다워졌는지 보여?"

"도대체 무슨 말을 하는지…."

그때 철없는 병아리들이 말했다.

"아빠! 깃털이 물에 젖어서 볼품이 없어."

수탉은 이루 말할 수 없는 슬픔에 잠겼다. 수탉은 슬픔을 참을 수 없어 말도 안 되는 일을 하기로 결정했다. 농가 뒤로, 닭장 뒤로, 마당 뒤로 가서 잠자는 열매를 쪼아 먹은 뒤 세상일을 모두 잊고 아무 생각 없이 잠에 빠져들기로 마음먹었다. 그런데 잠자는 열매를 쪼아 먹으려는 순간 매가 날아왔다.

"매야, 이것 좀 먹어 봐…. 달짝지근한 게 정말 맛있어."

"정말? 한번 먹어 볼게. 나는 단것 엄청 좋아하거든!"

매는 수탉의 호의에 뛸 듯이 기뻐하면서 잠자는 열매를 쪼아 먹었다…. 이런…. 갑자기 매는 눈앞이 빙글빙글 도는 것 같았다. 매는 하품을 하면서 잠시 휘청거리더니 땅바닥으로 그대로 고꾸라졌다. 머리를 땅에 박은 채 코까지 골면서 단잠에 빠져들었다. 이 광경을 본 암탉이 놀라움을 금치 못했다.

"세상에! 이게 무슨 일이야!"

수탉이 말했다.

"놀라지 말고 매의 목에 걸린 목걸이를 풀어서 당신이 가져. 당신은 매의 목걸이를 무척 갖고 싶어 했잖아."

수탉은 암탉이 움직이기도 전에 자신이 직접 매의 목걸이를 벗겨 암탉에게 던졌다. 이에 더해 매의 정수리에 있는 볏을 벗겨 내고 자기 정수리에 올려놓은 뒤 암탉에게 말했다.

"자, 도망가자!"

그런데 어찌 된 영문인지 수탉은 신나게 달리는데 암탉은 한 발짝도 움직이지 않았다. 머리를 옆으로 돌려 자신의 목에 걸린 목걸이를 보는 순간… 얼마나 아름답고 황홀한지… 암탉은 땅에 박힌 듯이 그 자리에 서서 기쁨의 눈물을 쏟아 내고 있었다.

"어머! 세상에! 꼬꼬댁! 꼬꼬!"

그런데 그 순간, 잠자는 열매의 효력이 끝나면서 매가 잠에서 깨어났다. 매는 머리가 허전했다. 이게 웬일인가! 볏이 없어진 것이 아닌가! 그리고 이건 또 무슨 일인가! 자신의 진주 목걸이를 암탉이 걸고 있는 것이 아닌가! 매는 분노가 머리끝에서 발끝까지 쉴 새 없이 춤을 추었다. 그동안의 정은 온데간데없이 사라졌다.

"세상에, 너 암탉! 뭐 하는 거야! 양심도 없구나! 나는 네게 나는 법을 가르쳐 주려고 했는데!"

"내가 그런 게 아니야…. 수탉이 그랬어."

암탉은 너무 놀라 한 걸음 뒤로 물러났지만 매는 이미 암탉의 말을 들을 수 있는 상태가 아니었다. 매가 날카로운 발톱으로 진주 목걸이를 빼앗아서 목에 다시 걸려던 순간… 그만 바닥에 떨어뜨리는 바람에 끈이 끊어지면서 진주알들이 데굴구루루 사방으로 흩어졌다. 진주알은 눈 깜짝할 새에 풀잎 사이, 울창한 나뭇잎 사이, 노란 국화 사이로 사라졌다.

그때 소란스러운 소리에 화가 난 주인이 집에서 뛰쳐나와 지팡이를 두드리면서 소리를 질렀다.

"매! 대체 왜 우리 집에 와서 이렇게 소란을 피우는 거야? 당장 꺼져!"

어쩌겠는가! 매는 진주 목걸이와 벗 없이 멀리 떨어진 자신의 숲으로 돌아가면서 속절없이 암탉에게 으름장만 놓을 뿐이었다.

"너와 수탉을 다시 만나면 가만두지 않겠어…. 너희는 내게 가장 소중한 것들을 훔쳐 갔어. 언젠가 나는 너희에게 가장 소중한 것을 빼앗아 오고야 말겠어!"

이 말은 헛말이 아니었다. 암탉은 병아리들과 산책을 하면서 아장아장 걷는 병아리들의 모습에 한없는 행복에 잠겼다. 수탉도 병아리들을 보면서 행복에 겨웠다. 수탉은 선홍빛 볏을 거만하게 살랑살랑 흔들면서 혼잣말을 했다.

"어떻게 저렇게 예쁠 수가 있지! 털은 복슬복슬하고 눈은 까맣잖아!"

갑자기 마당에 빠른 속도로 그늘이 만들어졌다. 수탉이 위를 보니 매가 아닌가! 매는 얼마 전까지 친하게 지내던 그 매가 아니었다. 이미 서로 간의 정은 사라져 버렸다. 매는 단숨에 날아서 수탉과 병아리를 발톱으로 낚아채려 했다. 수탉이 소리쳤다.

"조심해! 병아리들이 위험해! 빨리 현관 계단 아래로 피해!"

닭 가족은 모두 현관 계단 아래로 숨었다. 매가 현관 위에서 소란스럽게 날갯짓을 하면서 위협했다.

"숨어 봤자 아무 소용 없어! 거기서 거기야. 이제는 모든 게 끝났어!"

수탉은 심히 낙담했다.

"매님, 돌려드리겠습니다! 볏을 돌려드리기는 불가능하

지만 진주는 찾아서 돌려드리겠습니다."

하지만 값비싼 진주는 이미 여기저기로 굴러가서 가루가 되어 버렸다. 수탉과 암탉은 벌레 말고는 아무것도 찾지 못했다. 찾으려는 시도는 무수히 많이 했다. 하지만 첫 번째도, 두 번째도, 세 번째도…. 그 이후에도 마찬가지였다.

닭 부부는 어찌 되었든 진주를 찾아야만 한다. 그래서 지금은 병아리까지 대동하고 진주를 찾으러 다닌다. 매를 부러워하다 자식까지 데리고 현관 계단 아래로 도망을 치는 신세가 되다니… 왜 그랬는지 묻고 싶다. 이 모든 것은 닭 부부가 자신의 아름다움을 잊어버리고 다른 사람의 아름다움을 부러워하다 생긴 불행이다.

늑대에게서 아이를 구한 개 사르바이

언젠가 아주 노쇠한 부부가 있었다. 긴 세월 살아오는 동안 아이는 한 번도 태어난 적이 없었다. 부부의 동반자는 사르바이라는 잘생긴 수캐 한 마리가 유일했다. 노부부는 사르바이를 정말로 사랑했다. 그런데 어느 날 노부부에게 예기치 않게 아이가 태어났다. 이날 이후 사르바이의 삶은 완전히 달라졌다. 노부부에게 사르바이는 관심 밖이 되었고 먹을 것도 생각날 때 어쩌다 한 번씩 주는 바람에 사르바이는 나날이 야위어 갔다.

어느 날 사르바이는 숲으로 달려가 오래된 지인인 늑대를 만났다. 뜻밖의 만남에 늑대가 놀랐다.

"사르바이야! 무슨 일 있어? 왜 그렇게 우울해?"

"예전에는 내가 주인들의 유일한 행복이었어. 그런데 아이가 태어난 뒤로는 아주 찬밥이 됐어. 사는 게 너무 힘들고 괴로워."

"사르바이야, 너무 슬퍼하지 마! 여름이 오면 네 주인들은 들판에 나가서 일을 해야 할 거야. 그때 내가 가서 아이를 데리고 올게. 그러면 주인들이 예전처럼 다시 너를 사랑하게 될 거야."

곰곰이 생각한 사르바이는 그렇게 해 달라고 했다. 사르바이는 여름이 되기만 손꼽아 기다렸다. 드디어 여름이 찾아왔고 날씨가 무척 더워졌다. 곡식이 영글었고 수확이 시작되었으며 부부는 아이를 요람에 눕혀 들판에 놓고는 수확을 하기 시작했다. 아이는 요람에서 잠이 들었고 사르바이는 그 옆에 앉아 있었다. 갑자기 늑대가 아이의 요람에 몰래 다가와서 아이를 데리고 갔다. 아이는 숨이 넘어갈 듯 자지러지게 울기 시작했다. 사르바이는 아이가 너무 가여워서 미친 듯이 짖어 대며 늑대의 뒤를 쫓아갔다. 부부는 멀리서 일을 하고 있었지만 사르바이가 짖는 소리를 듣고 요람으로 뛰어왔다가 아이가 없어진 것을 알았다. 부부는 황망한 나머지 큰 소리로 목 놓아 울었다. 어느덧 사르바이는 늑대를 따라잡았고 늑대에게서 아이를 빼앗아 와서 부부에게 돌려주었다. 부부는 세상을 다 가진 것처럼 기뻐했다. 아이를 구해 준 감사의 표시로 사르바이에게 푸짐한 음식을 주었다. 사르바이는 예전보다 더 건강해졌고 생기를 되찾았다.

고아가 된 여우

어느 봄날 곰, 늑대, 개, 토끼가 만났다. 겨울 동안 얼마나 힘들게 지냈는지 서로 하소연하느라 바빴다. 춥고 배가 고팠다고 했다. 이러쿵저러쿵 의논한 끝에 숲속 초원에 집을 지어서 함께 살기로 결정했다. 그렇게 했다. 어느 날 곰이 말했다.

"친구들, 겨울 준비를 하자. 암소를 사서 키우자. 그리고 개가 목동을 하면 될 것 같아. 기름도 만들자."

다른 동물들도 곰의 의견에 기꺼이 동의했다. 바로 그날 당장 시장에 가서 사냥한 동물 가죽을 팔고 그 돈으로 암소를 샀다.

개는 매일 암소를 초원으로 데리고 나갔고 늑대는 매일 밤 암소의 젖을 짰다. 토끼는 소를 위해 좋은 풀밭을 찾아다녔고 곰은 모든 생활을 관리하고 명령했다.

그렇게 여름을 지낸 뒤 가을이 오면서 동물들은 기름을 한 통 가득 만들었다. 곰이 말했다.

"기름을 지붕 밑에 보관해 두었다가 겨울에 그걸로 감자 튀김을 해 먹자."

모두 곰의 말에 동의했고 기름을 지붕 밑에 숨겼다. 어느 날 밤 모두 차를 마시면서 한가롭게 앉아 있는데 누군가 문을 두드렸다. 토끼에게 문을 열어 주라고 했다. 자그마한 체구의 여우가 찾아왔는데 손에는 통을 들고 있었다. 여우가 고개를 꾸벅 숙이면서 인사를 했다.

"안녕하세요!"

모두 여우와 인사를 나눈 뒤 함께 차를 마시자고 권했다. 의자에 앉은 여우가 나지막하고 차분하게 이야기를 시작했다.

"저는 고아예요. 여러분들과 같이 살게 해 주세요."

"알았어. 의논해 볼 테니 내일 다시 와."

곰이 이렇게 말하자 여우는 차를 대접해 줘서 고맙다는 인사를 남기고 떠났다.

"불쌍하군. 굉장히 겸손하고 차분해 보이는데… 함께 살자."

모두 그러자고 했다. 다음 날 아침 여우가 찾아왔다. 동물들은 여우와 함께 살기로 결정했다는 말을 전했다. 여우는 동물들과 함께 살기 시작했다.

여우는 무척 겸손했고 있는 힘을 다해 곰, 늑대, 개뿐만 아니라 토끼에게도 먹을 걸 만들어 주었다. 곧 여우는 지붕 아래 기름이 숨겨져 있다는 사실을 알게 되었다. 여우는 정말로 기름을 좋아한다! 여우는 혼자 기름을 먹어 치우기로 작정하고 계략을 세우기 시작했다. 드디어 계략을 짰다. 여우가 누구인가!

어느 날 밤 여우는 문이 잘 잠겼는지 보고 오겠다고 나간 뒤 창문가에 다가가 창문을 두드리면서 다른 동물의 목소리를 흉내 내어 물었다.

"여우 집에 있나요?"

"문단속하러 잠깐 나갔어요. 금방 들어올 거예요."

"여우에게 새끼 다람쥐가 태어났으니 빨리 우리 집에 와서 이름을 지어 달라고 전해 주세요."

"알았어요."

여우가 집으로 돌아오자 곰이 말했다.

"여우야, 방금 새끼 다람쥐가 태어났다고 너를 찾아왔어."

"갔다 올게요."

여우는 집을 나가서 주위를 한 바퀴 둘러본 뒤 지붕 아래로 뛰어 올라가 허겁지겁 기름을 먹기 시작했다. 배불리 먹은 여우는 집으로 돌아가서 쉬기로 했다. 늑대가 물었다.

"다람쥐 집에서 뭐 먹었어?"

"거위 튀김, 삶은 닭, 그리고 기름."

여우는 이렇게 대답하면서 기름기가 좌르르 흐르는 입술을 닦았다. 이번에는 개가 물었다.

"새끼 다람쥐의 이름은 뭐라고 지었어?"

"처음이라고 지어 줬어."

다음 날 여우는 이름을 다시 지어 주어야 한다며 밖으로 나갔다. 여우는 어제처럼 지붕 밑에 가서 허겁지겁 기름을 먹었다. 이제 기름은 반 통밖에 남지 않았다. 여우가 집으로 돌아오자 토끼와 개가 어제 늑대와 똑같은 질문을 했다. 여우가 답했다.

"중간이라고 지어 줬어."

셋째 날 또 지붕 밑으로 간 여우는 기름을 한 방울도 남김 없이 바닥까지 핥아 먹고는 집으로 돌아왔다. 오늘은 곰이 늑대, 토끼, 개와 똑같은 질문을 하자 여우가 대답했다.

"마지막이라고 지어 줬어."

드디어 겨울이 다가왔고 혹독한 추위와 눈보라가 몰아쳤다.

어느 날 곰이 말했다.

"친구들아! 기름을 조금 가져와서 감자튀김을 해 먹자!"

"좋아, 좋아!"

친구들은 뛸 듯이 기뻤다. 곰이 말했다.

"여우야, 네가 가서 기름을 조금만 가져와."

모두 집 밖으로 나갔다. 여우는 벽을 타고 지붕 밑으로 올라갔다가는 땅으로 떨어지기를 반복했다. 여우는 정말로 벽을 타고 올라갈 재주가 없는 걸까? 여우가 투덜거렸다.

"벽이 너무 높아. 나는 도저히 못 가겠어."

다른 동물들이 여우를 도와주었다. 곰이 여우를 등에 앉혔다. 밑에서 초조하게 기다리던 다른 동물은 지붕 밑에서 새어나오는 여우의 목쉰 소리를 들었다.

"이게 무슨 일이야! 기름이 없어! 완전히 빈 통인걸!"

누구도 여우의 말을 믿지 않았다. 그러자 여우가 땅으로 빈 통을 떨어뜨렸다. 이게 어찌 된 일인가! 진짜 빈 통이 아닌가! 곰이 으르렁거리면서 큰 소리로 고함을 쳤다.

"우리 집에 낯모르는 동물이 온 적이 있었나? 한 번도 없었는데! 도대체 기름을 다 먹어 치운 양심에 털 난 놈이 누구야? 지금 즉시 도둑놈을 잡아야겠어!"

동물들은 어떻게 도둑을 찾을 것인지 오랫동안 머리를 맞대고 궁리를 했다. 드디어 곰이 기발한 아이디어를 내놓았다.

"모닥불을 크게 피우고 그 주위에 둘러앉자. 기름을 먹은 녀석은 기름이 녹으면서 밖으로 흘러나올 거야. 바로 그놈이 범인이지!"

동물들은 그렇게 했다. 모닥불을 피우고 주위에 둘러앉았다가 모두 그냥 잠이 들고 말았다. 이미 첫 겨울 추위가 시작되면서 다들 겨울잠을 자야 했기 때문이었다. 그런데 누구보다 이런 제안을 한 곰이 더 깊게, 더 빨리 잠에 곯아떨어졌다. 여우만 자지 않고 깨어 있었다. 여우는 보았다. 자신의 털을 따라 온몸에서 기름이 흘러나오는 것을! 여우는 이만저만 놀란 게 아니었다. 다른 동물들이 분명 벌을 내릴 것이다! 여우는 자기 죄를 곰에게 덮어씌우기로 했다. 몸에 묻은 기름을 닦아서 자고 있는 곰에게 칠했다. 모두 잠에서 깨어났다. 그런데 이게 웬일인가? 다른 동물들의 털은 푸석푸석 건조한데 곰의 털만 기름기가 좌르르 흐르는 것이 아닌가!

"드디어 기름을 먹은 범인을 찾았어!"

동물들이 소리를 지르면서 곰을 벌하려고 했다. 곰이 말했다.

"잠깐! 서두르지 마! 여기에 있는 누군가가 아주 영악한 짓을 했군. 모닥불을 더 세게 피우고 다시 한번 살펴보자."

모두 선선히 동의했는데 여우는 모닥불을 지금보다 더 크게 피우면 너무 더울 것이라며 반대했다. 그렇지만 모두 모닥불을 더 크게 피우고 모닥불 주위에 둘러앉았다. 곰은 겨울철 습관대로 다시 깊은 잠에 빠져들었다. 그런데 늑대, 개, 토끼는 짐짓 자는 체를 할 뿐 진짜 자지는 않았다. 잠시 후 여우에게서 기름이 흘러나오기 시작했다. 여우는 다른 동물들이 잠이 들기만 눈이 빠지게 기다렸다. 드디어 모두 잠에 곯아떨어졌군! 여우는 다시 자기 털에 묻은 기름을 곰에게 칠하기 시작했다. 이 광경을 본 늑대, 개, 토끼는 그 자리에서 일어나 고함을 지르면서 여우에게 달려들었다.

"여기에 진짜 도둑이 있어! 드디어 도둑을 잡았다!"

소란스러운 소리에 곰이 깨어났다. 이제껏 있었던 일을 곰에게 모두 들려주었다.

"나는 기름을 먹지 않았어! 먹지 않았다고! 억울해!"

여우가 잘못을 끝끝내 부정하자 모두 여우에게 달려들어 여우의 다리와 꼬리를 묶고는 모닥불 가까이에 세워 두었다. 여우에게서 기름이 쉴 새 없이 흘러나왔다. 잠시 뒤 동물들이 말했다.

"지금 당장 이곳을 떠나! 여기는 네가 있을 곳이 아니야. 우리의 평온한 가정에 너 따위가 있을 자리는 없어."

여우는 머리를 쥐어뜯으면서 떠났다.

거위가 알록달록 화려해진 이유

아주 오래전 우리 할아버지 할머니가 어렸을 때 이야기다. 예전에 거위는 흰색이었다. 알록달록한 거위는 눈 씻고 찾아도 단 한 마리도 없었다. 알록달록한 거위가 세상에 태어난 것은 무시무시한 쿠투이, 혐오스러운 쿠투이라는 의미의 콧호스 쿠투이가 할리마라는 소녀를 납치한 뒤의 일이다.

콧호스 쿠투이는 아이들을 납치해서 바다 건너 아주 먼 곳에 사는 무시무시한 식인에게 팔아넘겼다. 어느 날 할리마라는 소녀를 납치해서 데리고 갔다. 할리마보다 더 아름다운 소녀는 이 세상에 없을 것이다. 하지만 할리마에게 불행이 찾아왔다.

콧호스 쿠투이는 할리마를 창고에 가둔 뒤 다시 아이들을 납치하러 갔다. 콧호스 쿠투이는 나가면서 창고를 지키라고 창고 옆에 하얀 마법의 돌들을 쌓아 두었다. 하얀 돌들에 대한 콧호스 쿠투이의 믿음은 대단했다. 콧호스 쿠투이는 하얀 돌들을 철석같이 믿고 자기 길을 떠났다.

하얀 돌들은 묵묵히 자리를 지키면서 아이들을 예의주시했다. 아이들이 어찌어찌 창고를 빠져나와도 하얀 돌들에게 들킬 수밖에 없었다. 그러면 하얀 돌들은 도망가려는 아이들에게 달려들거나 아이들의 다리에 찰싹 달라붙어서 꼼짝달싹 못 하게 했다. 아이들은 소리를 칠 수도 도망을 갈 수도 없었다. 돌들 때문에 한 발짝도 움직일 수가 없었다.

보통 콧호스 쿠투이는 일주일 동안 집을 비우는데, 어떤 경우에는 한 달 동안 비우기도 했다. 창고에 갇힌 아이들은 그동안 창고 바닥에 떨어진 곡물 알갱이를 주워 먹고 창고에 있는 물통의 썩은 물을 마시면서 버텼다.

할리마가 다른 아이들과 함께 그곳에 갇힌 지 일주일이 지났다. 할리마는 자기가 어디에 있는지 도무지 알 수가 없었다. 불행한 할리마는 구슬피 눈물을 흘리면서 슬픔에 젖어 있었다. 할리마는 점점 야위어 가더니 결국 마른 나뭇가지처럼 되었다. 할리마의 선홍빛 뺨은 누렇게 떴다. 할리마는 도망칠 방법을 도무지 알 수 없었다. 아니다, 아무리 발버둥 쳐도 도망칠 수가 없었다! 창고의 벽은 통나무보다 두꺼웠고 천장은 끝이 보이지 않을 만큼 높았다. 문 아래 빛이 드나드는 아주 작은 틈이 있었지만 새끼 거위도 드나들지 못할 정도로 작았다. 할리마는 한없는 슬픔에 잠겨 생각했다.

'내가 아주 작은 거위라면 얼마나 좋을까! 그러면 저 틈으로 나갈 수 있을 텐데!'

그런데 이게 웬일인가! 할리마가 갑자기 작아지는 것이

아닌가! 할리마는 점점 더 작아지더니 마침내 알에서 막 나온 거위보다 훨씬 작아졌다. 그 순간 할리마는 갑자기 거위로 변했다. 다리에는 거위 발이, 손에는 날개가 생겼다. 할리마는 날 듯이 기뻐하면서 아직 채 자라지도 않은 작은 날개를 흔들면서 문 아래쪽 틈을 통해 밖으로 나갔다.

하얀 돌들은 작은 거위를 발견했다. 하지만 누구도 이 거위가 할리마라는 사실을 눈치채지 못했다.

"대체 저 거위는 어디서 온 거야?"

하얀 돌들은 놀라서 거위를 물끄러미 바라만 볼 뿐이었다.

거위는 창고에서 점점 멀어졌고 하얀 돌들도 더 이상 거위에게 관심을 보이지 않았다. 거위가 된 할리마는 강기슭으로 갔다. 거위들이 노닐고 있었다. 할리마는 거위 무리에 합류했다. 그런데 낯선 거위의 출현에 화가 난 새끼 거위들이 할리마를 쪼아 대기 시작했다. 할리마는 거위들로부터 달아나려고 발버둥 쳤다. 마침내 할리마는 거위 무리를 빠져나와 강물로 뛰어들었다. 심술궂은 새끼 거위들은 어미 거위의 곁에 남아 도도하게 목을 치켜세웠다.

이후 할리마는 결국 예전의 모습을 되찾지 못했고 영원히 거위로 남았다. 그런데 할리마의 털은 거위처럼 흰색이 아니라 알록달록한 색이었다. 새끼 거위들이 쫀 곳이 검은

색으로 변했기 때문이다. 할리마가 커서 새끼를 낳았는데 새끼들의 털도 알록달록했다. 그때부터 이 세상에는 알록달록한 거위가 생겨났다.

갈색 암소

아주 오래전에 부부가 살았다. 그들에게는 아들 하나 딸 하나가 있었다. 하지만 갑자기 엄마가 돌아가셨다. 아버지는 이내 재혼을 했고 아이들은 졸지에 고아가 되었다. 새엄마는 아이들을 전혀 돌보지 않았다.

엄마는 아이들에게 너무나 예쁜 갈색 암소 한 마리를 남겨 주고 떠났다. 아이들은 엄마를 찾아가듯 날마다 암소를 찾아가서 함께 놀았다. 어느 날부터 배가 고프면 아이들은 암소의 젖을 빨아먹으면서 허기를 달랬다. 오랫동안 아이들은 그렇게 지냈고 이제는 암소와 떨어질 수 없는 사이가 되었다. 새엄마는 이게 영 마음에 들지 않았다.

어느 날 아버지가 일터에서 돌아오기 전부터 새엄마는 심하게 아픈 시늉을 했다. 아버지는 채 문을 열기도 전에 새엄마의 앓는 소리를 들어야 했다.

“너무 아파요. 갈색 암소의 심장을 먹고 싶어요. 그러면 나을 것 같아요.”

아버지는 심히 당황했다.

“아이들이 암소를 죽이기를 원하지 않을 거요.”

“나와 아이들 중 누가 더 소중하지요? 전처도 죽이고 이번에는 나까지 죽일 작정이에요?"

아버지는 하는 수 없이 새엄마의 말대로 암소를 죽이기로 했다. 아이들이 애원했지만 아버지는 들은 척도 하지 않았다.

"아버지! 그러면 죽이기 전에 딱 한 번만 타게 해 주세요."

아버지는 이 말을 들어주기로 했다. 아이들이 암소의 등에 올라타자 암소는 아이들을 아주 먼 숲으로 데리고 갔다. 다음 날 그들은 황금 숲에 이르렀다. 오빠는 동생에게 나뭇잎을 뜯어 먹지 말라고 했다. 하지만 여동생은 오빠가 보지 않는 틈을 타서 나뭇잎 한 장을 뜯어 머리카락 속에 숨겼다. 아이들은 3일 동안 황금, 은, 청동 숲을 차례로 지났다. 여동생은 숲을 지날 때마다 몰래 나뭇잎을 잘라 머리카락 속에 숨겼다. 마지막 숲을 지나오자마자 여동생은 돌이 되었다. 오빠는 너무 슬퍼서 눈물을 뚝뚝 흘렸다. 그때 갈색 암소가 자기 꼬리에서 털 세 가닥을 뽑아 태우라고 했다. 오빠는 암소가 시키는 대로 했다. 드디어 동생이 살아났다! 그 시각 집에 있던 새엄마가 돌이 되었다. 아이들은 집으로 돌아와서 행복하게 살기 시작했다.

늑대, 독수리, 황금 물고기와 사냥꾼

젊지만 아주 노련한 사냥꾼이 있었다. 어느 날 사냥을 갔다가 늑대를 만나 죽이려 했는데 늑대가 사람처럼 말을 하면서 애원했다.

"제발 죽이지 마세요! 언젠가 당신에게 도움이 될 거예요!"

사냥꾼은 늑대를 놓아주고 가던 길을 재촉했다. 그러다 독수리를 발견해 화살을 쏘려 했는데 독수리도 사람처럼 말을 했다.

"제발 나를 죽이지 마! 언젠가는 네게 쓸모가 있을 거야!"

사냥꾼은 이번에도 가던 길을 계속 재촉했다. 그러다 호수에서 황금 물고기가 노는 모습을 보고 잡으려 했는데 황금 물고기도 사람처럼 말을 하면서 애원했다.

"제발 살려 줘! 네가 부르면 언제 어디든 너를 도우러 달려갈게!"

사냥꾼은 물고기를 그대로 놓아주고 가던 길을 재촉했다. 드디어 멀리에서 아스라이 집이 보였는데 굴뚝에서는 연기가 모락모락 피어나고 있었다. 사냥꾼은 이 집으로 서둘러 갔는데 그곳에는 정말 말로 표현할 수 없을 만큼 지독하게 못된 할머니가 살고 있었다. 할머니는 사냥꾼을 맞이하면서 어디서 왔고 어디로 가는지 이것저것 마구 캐묻더니 명령을 했다.

"내 말 세 마리가 지금 숲에 있는데 먹이를 먹여야 돼. 네가 그놈들을 이리로 데리고 와. 그러면 내 세 딸 중 네 맘에 드는 딸을 줄게. 하지만 데려오지 못하면 너를 잡아먹을 거야."

사냥꾼은 숲속으로 갔다. 하지만 말들은 사냥꾼을 요리저리 얼마나 잘 피해 다니는지 도저히 잡을 수가 없었다. 사냥꾼은 바위에 기대 앉아 자신이 곧 죽을 거라는 생각에 훌쩍훌쩍 울기 시작했다. 그에게 지난번 만났던 늑대가 다가와서 물었다.

"왜 울어요?"

"큰일 났어! 할머니가 숲에서 말 세 마리를 데려오라는데 도저히 잡을 수가 없어. 이제 할머니가 나를 잡아먹을 거야."

"울지 마세요!"

늑대는 순식간에 할머니의 세 마리 말을 사냥꾼에게 몰고 왔는데 이 말들은 다름 아니라 할머니의 딸들이었다. 사냥꾼은 말들을 할머니에게 데리고 갔다.

"왜 이 녀석의 말을 순순히 들은 거지? 도대체 정신이 있는 거야 없는 거야?"

할머니는 딸들에게 고래고래 소리를 지른 뒤 다시 숲속으로 쫓아 보내면서 이렇게 덧붙였다.

"저 녀석이 너희를 잡으려 하면 이번에는 새로 변해서 하늘로 올라가도록 해. 명심해!"

정말로 상황은 그렇게 전개되었다. 사냥꾼이 딸들을 잡으려는 순간 새로 변해 하늘로 날아갔다. 사냥꾼은 구슬피 눈물을 흘리기 시작했다. 바로 그 순간 독수리가 나타나 사냥꾼에게 새들을 잡아다 주었다. 할머니는 더 심하게 화를 내면서 딸들에게 말했다.

"저 녀석이 너희를 잡으려 하면 이번에는 물고기로 변해서 바다 깊은 곳으로 들어가도록 해. 명심해!"

할머니는 사냥꾼에게 말들을 또 잡아오라고 했다. 사냥꾼은 다시 말들을 뒤쫓아 갔고 손만 뻗으면 잡을 수 있을 정도로 말과 가까워졌다. 그런데 그 순간 말들이 갑자기 물고기로 변해 바다 깊은 곳으로 들어가 버렸다. 깊은 슬픔에 잠긴 사냥꾼은 해변에 앉아 하염없이 울기 시작했다. 바로 그때 황금 물고기가 해변으로 다가와 말했다.

"울지 마, 내가 도와줄게. 세 마리 말은 물고기로 변해서 바닷속으로 들어갔어. 내가 잡아서 이리로 데려올게!"

황금 물고기가 친구들에게 세 마리 물고기를 찾아 달라

고 부탁했다. 그러자 물고기들이 순식간에 세 마리 물고기를 찾아서 사냥꾼에게 데리고 왔다. 할머니가 사냥꾼에게 말했다.

"여기에 세 딸이 있으니 아무나 고르도록 해!"

사냥꾼은 막내딸을 골랐다. 막내딸이 사냥꾼에게 말했다.

"우리 엄마는 정말 너무 나쁜 사람이에요. 나는 주근깨투성이의 곱사등이로, 가운데 언니는 노인으로, 큰언니는 아주 아름다운 여인으로 변신시킬 거예요. 잘못 고르셨어요!"

정말로 할머니는 막내딸을 주근깨투성이 곱사등이로 만들었다.

"괜찮아요. 저는 이 주근깨투성이 곱사등이 아가씨가 좋아요! 결혼하겠어요."

할머니는 더 심하게 화를 내면서 딸들에게 말했다.

"정말 화가 나는구나! 왜 이렇게 나를 화나게 하는 거야! 도대체 너희는 아무 짝에도 쓸모가 없구나! 내가 저 녀석을 직접 혼내 줄 수밖에 없지. 이봐! 지금 당장 창고에 있는 말을 끌고 와서 그걸 타고 집으로 가도록 해."

막내딸이 사냥꾼에게 말했다.

"엄마가 직접 말로 변신해서 당신을 죽일 거예요. 창고에 들어가자마자 철 막대기를 들어 엄마를 내리친 뒤 말에 올라타세요. 그 순간 엄마는 하늘로 날아가려고 할 거예요. 그때 다시 철 막대기로 머리를 내리치면 엄마는 아무것도 할 수 없을 거예요."

창고로 간 사냥꾼은 철 막대기를 집어 들었다. 말이 사냥꾼을 발로 차려고 했지만 사냥꾼은 철 막대기로 말을 내리친 뒤 말 위에 올라탔다. 말은 거의 집 지붕에 닿을 정도로 높이 껑충껑충 뛰었다. 사냥꾼은 철 막대기로 말의 머리를 다시 한번 내리쳤다. 말은 땅으로 고꾸라졌다.

사냥꾼이 창고를 나가자 말은 다시 할머니로 변신해 몰래 집으로 들어가 난로 옆에 누운 뒤 머리가 너무 아프다고 하소연했다. 할머니는 막내딸을 사냥꾼에게 줄 수밖에 없었다. 약속은 약속이니까! 두 부부는 지금도 알콩달콩 살고 있다.

은혜 갚은 토끼

명절날 부모님이 손님을 초대하러 어린 아들을 보냈다.

"애야, 가서 이런저런 아저씨, 이런저런 아줌마, 이런저런 아가씨를 불러오너라."

부모는 아들에게 외우지도 못할 만큼 많은 사람의 이름을 알려 주었다.

아들은 거리로 나가자마자 부모님이 알려 준 사람들의 이름을 잊어버렸다. 아들은 집으로 돌아와서 다시 물어볼 용기가 나지 않았다. 혼자 곰곰이 생각했다.

'마을 사람을 모두 부르는 게 어떨까? 그중에 분명 부모님이 초대하라고 한 사람들이 있을 거야.'

아들은 마을의 골목골목 샅샅이 다니면서 모두 집으로 초대했다. 사람들은 무척 감사해하면서 초대에 응했다. 아들은 집으로 돌아왔다. 손님들이 옥시글옥시글 모여들기 시작했다. 부모님은 화들짝 놀랐다.

"이게 무슨 일이지? 이렇게 많은 사람들에게 어떻게 음식을 대접하지?"

사람들은 음식이 나오기만 애타게 기다렸다. 아들이 부모님에게 말했다.

"아버지 어머니가 말씀해 주신 사람들의 이름을 잊어버려서 하는 수 없이 마을 사람을 모두 불렀어요."

어쩌겠는가! 손님들은 음식이 나오기만 눈이 빠지게 기다렸다. 부모님은 집에 있는 모든 음식을 식탁에 내놓았지만 한눈에 봐도 어림도 없었다.

"나 때문이야! 내가 모든 일을 망쳤어!"

부모님이 당황하는 것을 본 아들은 훌쩍훌쩍 울기 시작했다. 조금 지나 아들은 눈물을 강물처럼 주룩주룩 흘리면서 마을 울타리를 넘어 숲속으로 뛰어갔다. 아들은 늙은 그루터기에 앉아 한없는 슬픔에 빠져들었다.

그때 갑자기 오래된 친구인 잿빛 토끼가 아들을 향해 뛰어왔다. 이 토끼는 어릴 때 고아가 되었는데 마음 착한 아들이 집으로 데려와 기르다가 어른이 된 뒤 숲으로 돌려보냈다. 토끼는 아들의 다리에 걸쳐 앉았다.

아들은 토끼에게 자신이 지금 얼마나 슬픈지 들려주었다. 토끼는 아들의 말을 귀를 쫑긋 세우고 들었다. 그러더니 긴 귀를 팔랑거리면서 뒷발로 일어나 앞발로 소년의 팔을 잡으면서 말했다.

"친구야! 괜찮아, 너무 괴로워하지 마. 집에 가 있어. 모두 잘 해결될 거야."

그 말을 끝으로 토끼는 아들을 뒤로하고 숲속 깊은 곳으로 내달렸다. 아들은 토끼의 말을 듣자마자 뒤도 안 돌아보고 집으로 한달음에 내달렸다. 그런데 집에 갔더니 식탁은 텅 비어 있고 여전히 손님들은 음식이 나오기만 눈이 빠지게 기다리고 있었다. 어떤 손님은 초대해 놓고 음식이 너무 적다며 주인을 힐난했다. 화가 난 손님들은 이렇게 말하기도 했다.

"아무것도 없는 주제에 손님을 왜 초대하고 그래! 정말 이상한 사람들이군!"

이때 창문을 바라보던 누군가 너무 놀라 소리를 냅다 지르면서 사람들을 옆으로 불렀다. 처음에는 모두 화들짝 놀랐지만 이내 궁금해졌다.

'저게 도대체 뭐지?'

밖에는 동물들로 가득했는데 모두 무언가를 끌거나 들고 이 집을 향해 오고 있었다. 곰들은 꿀이 든 통을, 늑대들은 고깃덩어리를, 산토끼들은 곡식이 든 자루를, 다람쥐들은 여러 열매와 도토리가 가득 담긴 광주리를 끌고 왔다. 순록들은 뿔에 조심스럽게 우유 통을 이고 왔고, 여우들은 입에 닭고기와 거위고기를 물고 왔다. 토끼가 숲 친구들에게 아들의 슬픔을 해결해 주자고 부탁한 것이었다. 토끼는 친구들에게 아들이 고아가 된 자신을 기르다가 어른이 되자 숲에 풀어 주었다고 말했다. 동물들은 아들의 인정에 탄복했다. 동물들이 가지고 온 음식을 모두 내려놓으니 마당이 가득 찼다. 동물들은 음식을 내려놓기 무섭게 숲으로 돌아갔다. 손님들은 너무 놀라 아무 말도 하지 못했다.

부모님은 기쁨에 겨워 춤이라도 추고 싶은 심정이었다. 하지만 그 누구보다 기뻤던 것은 아들이었다. 사흘 밤낮을 쉬지 않고 손님들에게 음식을 대접했다. 손님들이 집으로 돌아간 뒤에도 음식이 산더미처럼 남아 있었다. 이렇게 토끼는 아들에게 자신을 길러 준 은혜를 갚았다.

느닷없이 동물의 대장이 된 고양이

옛날에 노부부가 무례하기 짝이 없는 검은 고양이와 함께 살았다. 할머니는 고양이를 끔찍이도 사랑했는데 애석하게 이내 죽고 말았다. 할아버지와 고양이만 남겨졌는데 할아버지는 고양이를 좋아하지 않았다. 할머니가 돌아가신 뒤 아무도 고양이에게 먹이를 주지 않았다. 결국 고양이는 홀로 먹을 것을 해결해야만 했다. 고양이는 옆집 창고에 몰래 들어가서 버터, 스메타나,[1] 우유를 먹어 치웠다. 이를 안 이웃 여인이 벼르고 벼르다 드디어 고양이를 잡았는데 마침 고양이가 우유를 훔쳐 먹은 직후였다. 고양이를 잡은 이웃 여인이 고양이를 할아버지에게 데리고 갔다.

"할아버지! 당신의 고양이예요! 더 이상 이 녀석이 내 눈앞에 나타나지 않게 조치를 취하세요. 이제는 습관적으로 우리 집에서 훔쳐 먹잖아요! 알기나 해요!"

할아버지는 이웃 여인의 말을 깊이 새겨들었다. 할아버지 입장에서 고양이가 비록 도둑질은 했지만 고양이를 죽일

---

1) 우유 유제품으로 사워 크림의 일종이며 취향에 맞추어 음식에 넣어 먹는다.

수는 없었다. 할아버지는 고양이를 자루에 넣어 숲으로 데리고 갔다. 할아버지는 오랫동안 걸었다. 하루, 이틀… 마침내 산에 이르러 고양이를 자루에서 풀어 주면서 말했다.

"이 녀석아! 그러게 왜 도둑질을 했니… 쯧쯧쯧… 이제부터는 여기서 편하게 살아라!"

고양이는 깊은 숲에 홀로 남겨졌다. 주위를 둘러본 뒤 숲 아래로 내려갔다. 낮에 숲속의 생활은 무료했다. 밤이 되자 고양이는 너무 무서웠다. 털이 쭈뼛쭈뼛 곤두섰다. 고양이는 너무 무서워서 괴괴한 목소리로 야옹거렸다. 주위를 두리번거리며 걸어가면서도 야옹 소리를 멈추지 않았으며 눈에서는 초록 불빛이 섬뜩하게 타올랐다. 고양이가 토끼를 만났다.

"고양이야, 어디 가니?"

"야옹 야옹! 숲의 동물을 모조리 먹어 치우러 간다!"

토끼가 공포에 떨면서 물었다.

"네가 나를 잡아먹을 수 있을 것 같아? 정말 그렇게 생각해?"

토끼는 이 말을 끝으로 젖 먹던 힘까지 다해 고양이로부터 달아났다. 토끼는 곧 여우를 만났다.

"예쁜 토끼야, 무슨 일이야? 왜 그렇게 허둥대니? 어디로 가는 거야?"

"저기 숲에 웬 고양이 한 마리가 있는데 숲에 사는 동물을 다 잡아먹을 거래. 고양이에게서 도망치는 길이야…."

이 으스스한 말을 들은 여우도 이만저만 놀란 게 아니었다.

"토끼야. 빨리 같이 도망가자!"

토끼와 여우는 오랫동안 도망치다 회색 늑대를 만났다. 늑대가 물었다.

"친구들, 어디로 그렇게 정신없이 달려가니?"

"저기 숲에 무시무시한 고양이가 있는데 숲에 사는 동물을 다 잡아먹을 거래."

소스라치게 놀란 건 늑대도 마찬가지였다. 셋이 함께 정신없이 달리기 시작했다. 오랫동안 달렸다. 드디어 곰을 만났다.

"친구들, 어디 가는 거야? 무슨 일이야? 사냥꾼이라도 만났어?"

셋은 입을 맞춘 듯 무시무시한 고양이가 숲에 사는 동물을 다 잡아먹으려 한다고 곰에게 전했다. 곰이 물었다.

"그런데 너희는 어디로 가는데?"

토끼, 여우, 늑대가 입을 맞춘 듯 동시에 말했다.

"고양이에게 잡아먹히지 않으려고…. 그런데 어디로 가는지 우리도 몰라!"

공포에 몸을 떨면서 곰이 말했다.

"나도 너희와 같이 갈래!"

넷이서 오랫동안 달렸다. 얼마나 달렸을까? 너무 지쳐서 더 이상 달릴 힘이 없었다. 나무 아래서 잠시 쉬기로 했다. 그때 곰이 말했다.

"그런데 애들아, 이렇게 도망 다닐 게 아니라 차라리 고기를 준비해서 고양이를 초대하는 편이 더 낫지 않을까?"

모두 그렇게 하자고 했다. 곰은 고기를, 늑대는 물을, 여우는 장작을 구하러 갔고, 토끼는 고양이를 부르러 갔다. 곧 곰은 소를 잡아왔고, 늑대는 물을 가지고 왔으며, 여우는 장작을 끌고 와서 고기를 삶기 시작했다. 고기는 이미 오래전에 다 익었는데 토끼와 고양이는 올 기미가 없었다. 세 동물은 공포에 휩싸이기 시작했다.

"고양이가 불쌍한 토끼를 잡아먹고 여기로 오는 것은 아닐까?"

세 동물은 근처에 몸을 숨기고 무슨 일이 일어나는지 보았다. 곰은 높은 나무 위로 기어 올라갔고, 늑대는 관목 숲으로 들어가서 노란 낙엽으로 몸을 가렸고, 여우는 마른 나무더미 아래로 들어갔다. 그 시각, 토끼는 처음 고양이와 마주친 곳에서 고양이를 만났다.

공포로 몸을 떨면서 고양이 가까이에 갈 엄두도 못 낸 채 멀리서 소리쳤다.

“이봐! 위대한 고양이!”

사실 토끼는 엄청난 공포에 사로잡혀 제대로 말을 할 수가 없었다. 토끼의 목소리를 들은 고양이는 섬뜩한 초록 눈으로 토끼를 바라보면서 토끼를 향해 곧장 달려왔다.

‘으악! 고양이가 나를 잡아먹으려고 달려오는구나!’

겁쟁이 토끼는 이런 생각만으로도 그만 그 자리에서 죽고 말았다. 토끼가 죽은 줄도 모르고 계속 달리던 고양이는 맛있는 고기 냄새를 따라 달려갔다. 드디어 곰, 늑대, 여우가 고기를 준비하고 고양이를 기다리는 곳으로 달려갔다.

고양이는 고기에 달려들어 게걸스럽게 먹기 시작했다. 하지만 곰이 가지고 온 소가 늙은 소였기 때문에 고기는 질겼고 게다가 다 익지 않았다. 고양이는 고기를 먹으면서 화가 난 듯 큰 소리로 씩씩거렸다.

고양이의 씩씩 소리에 놀란 여우는 몸을 더 깊이 숨기려고 기어가다 마른 나무 더미에 꼬리가 끼고 말았다. 마른 나무 더미에서 나는 사락사락 소리를 들은 고양이는 그곳에 쥐가 있다고 생각해 그곳으로 돌진했다.

무시무시한 고양이가 지금 당장 자신을 잡아먹을 것이라 생각한 여우는 나무 더미에서 뛰어나오다 꼬리가 잘렸지만 고양이에게서 도망치기 위해 그대로 내달렸다. 사실은 고양이도 여우 때문에 소스라치게 놀랐다. 고양이는 여우를 피해 관목 숲에 들어갔다가 늑대의 머리와 눈을 발톱으로 할퀴고 말았다.

"드디어 나를 잡아먹으려 하는구나!"

공포와 고통으로 늑대가 소리를 지르면서 온 힘을 다해 관목 숲에서 뛰쳐나와 달아났다.

고양이는 늑대 때문에 죽을 만큼 놀랐다. 이번에 고양이는 늑대를 피해 곰이 숨어 있는 나무에 달려갔다. 곰은 자신을 향해 달려오는 고양이를 보고 너무 무서워 땅에 쿵 하고 떨어졌다. 사실 고양이는 숲의 동물을 정말로 무서워한다. 고양이는 너무 놀란 나머지 움직이지도 못한 채 나무에 앉아서 놀란 가슴을 쓸어내렸다. 곰, 늑대, 여우는 정신없이 사방으로 달아났다. 마침내 그들은 숲속에서 다시 만났고 깊은 구덩이 안에 함께 앉아 숨을 돌리면서 쉬었다. 곰이 여우와 늑대에게 물었다.

"너희 살아 있었구나?"

"살아 있긴 한데 꼬리가 없어졌어. 고양이가 잘라 갔어."

"나는 고양이가 발톱으로 할퀴는 바람에 죽다 살아났어. 내 머리 가죽이 다 벗겨졌지 뭐야."

여우와 늑대가 곰에게 물었다.

"너는 어때?"

"고양이가 나를 나무에서 떨어뜨릴 때 갈비뼈가 부러졌어."

세 동물은 앞으로 펼쳐질 자신들의 파란만장한 삶을 생각하며 긴 한숨을 내쉬었다.

왕 이야기

예렌세 세센

어느 날 예렌세 세센은 왕과 함께 여행을 떠났다. 길을 가다 네 남자가 싸우는 광경을 목격했다. 그들에게 다가가서 물었다.

"왜 싸우십니까?"

"저희는 친형제입니다. 최근 아버지가 돌아가시면서 염소를 유산으로 남기셨답니다. 그 염소 때문에 그만 싸움이 벌어졌는데…."

사건의 전말은 이러했다.

형제들은 각자 염소 다리를 하나씩 가지기로 했다. 염소의 세 다리는 멀쩡했는데 나머지 한 다리는 상처가 나 있었다. 막내가 상처 난 다리를 가지게 되었다. 어쩌겠는가! 상처를 헝겊으로 동여맸다. 형들은 염소를 장터로 데려가서 팔기로 했다. 좋다, 그런데 염소를 데려가려면 어쩔 수 없이 상처 난 다리도 같이 가야 했다! 숲을 지나게 되었다. 그곳에 어떤 나그네가 남겨 둔 모닥불이 있어서 옆에서 잠시 쉬기로 했다. 그런데 상처 난 다리에 매어 둔 헝겊에 불이 붙고 말았다. 너무 뜨거워 넋을 잃은 염소는 화살처럼 정신없이 밀밭을 뛰어다녔다. 결국 밀이 모조리 불에 타 버리고 말았다.

이 밀밭은 마을에서 가장 탐욕스럽고 못된 지주의 것이었다. 지주가 형제들에게 불에 탄 밀 값을 물어내라고 했다. 형들은 헝겊을 동여맨 염소 다리에 불이 붙으면서 벌어진 일이기 때문에 그 다리의 주인에게 돈을 받으라며 막내를 가리켰다. 그래서 싸움이 벌어진 것이었다.

예렌세 세센은 소란을 일으킨 형제의 말을 주의 깊게 들은 뒤 판결을 내렸다.

"형제분들, 보십시오, 이 사건은 그렇지 않습니다. 상처 난 다리는 죄가 없습니다. 그 다리는 걷고 싶지 않았을 겁니다. 오히려 쉬고 싶었을 겁니다. 그런데 멀쩡한 다리가 있는 힘을 다해 상처 난 다리를 끌고 달린 겁니다. 멀쩡한 다리들이 잘못한 겁니다. 그렇기 때문에 불에 탄 밀 보상금은 멀쩡한 다리의 주인들이 내야만 합니다."

예렌세 세센은 왕과 함께 가던 길을 계속 갔다. 한참을 가다 호수에 이르렀다. 왕이 물었다.

"재미있군, 어째서 이 호수에는 갈대가 자라지 않지?"

"그럴 필요가 없기 때문이겠지요."

"오호! 그건 물속의 갈대에게는 비가 필요 없다는 말과 같은데…."

잠시 후 걸어서 강을 건너야만 했다. 왕이 말에게 물을 먹이려 하자 예렌세 세센이 말고삐를 끌어당기면서 물을 먹이지 못하게 했다. 왕이 물었다.

"어째서 그러느냐? 말은 물이 마시고 싶을 텐데."

"말에게 물을 먹일 필요가 있을까요? 말이 서 있는 곳이 다름 아니라 물속인데요."

그렇게 해서 왕에게 갈대가 비록 물속에서 자랄지라도 비가 오지 않으면 자랄 수 없다는 사실을 인정하게 만들었다.

예렌세 세센이 여행을 하는 동안 그의 아내가 죽었다. 왕은 이 사실을 알았지만 예렌세 세센에게는 말하지 않았다. 그러고는 이렇게 물었다.

"예렌세 세센아, 아버지의 죽음을 무엇과 비교할 수 있느냐?"

"아버지의 죽음은 빛나는 달이 지는 것과 같습니다."

"그럼 어머니의 죽음은 무엇과 비교할 수 있느냐?"

"어머니의 죽음은 생기를 주는 샘물이 사라지는 것과 같습니다."

"아내의 죽음은 무엇과 비교할 수 있느냐?"

"아내의 죽음은 왕의 죽음과 비교할 수 있습니다."

"그게 무슨 뜻이냐?"

"왕이 죽으면 온 나라가 슬퍼하고 아내가 죽으면 온 집안

이 슬퍼합니다."

여행에서 돌아온 후 예렌세 세센은 아내의 죽음을 알았다. 어쩌겠는가! 그는 얼마 뒤 과부 옌게와 결혼했다.

어느 날 왕이 물었다.

"그래, 예렌세 세센아, 새 아내는 마음에 드느냐?"

"예, 늘 조심하면서 살고 있습니다. 잘 때는 넷이 함께 눕고 아침에 일어날 때는 둘이 일어납니다."

"그게 무슨 말이야?"

"이렇습니다. 자려고 누우면 그녀는 자기 전남편을 생각하고 저는 제 전처를 생각합니다. 하지만 일어나 보면 둘만 남겨져 있지요."

"서로 다른 생각을 하고 있다면 같이 살 수 없지 않겠는가? 새로운 사람과 결혼하는 게 낫지 않겠는가? 신부 집에 보내는 지참금은 내가 줄 테니 새 아내를 알아보게."

예렌세 세센은 옌게와 이혼하고 새 아내를 찾으러 떠났다. 가는 길에 한 노인을 만났다. 서로 가볍게 인사한 뒤 같이 길을 걸었다. 예렌세 세센이 노인에게 말했다.

"그런데 나무 난로에 불을 때지 않으렵니까?"

노인은 그의 말을 이해하지 못해 잠자코 있었다.

"굶주린 말에게 먹이를 주어야 하지 않을까요?"

좀 전과 다름없이 노인은 아무 대답도 하지 않았다. 강에 다다르니 강 뒤로 두 갈래 길이 있었다. 예렌세 세센이 오른쪽 길을 가리키면서 말했다.

"이 길은 편평해서 걷기는 편하지만 시간이 오래 걸립니다."

예렌세 세센이 이번에는 왼쪽 길을 가리키면서 말했다.

"이 길은 울퉁불퉁하지만 오른쪽 길보다는 시간이 덜 걸립니다. 이 길로 가는 편이 낫겠어요."

노인이 화를 냈다.

"나는 자네에게 어떤 길로 가는 게 좋을지 물어본 적이 없네. 원하는 길로 가게."

그렇게 그들은 헤어졌다. 노인은 오른쪽 길로, 예렌세 세센은 왼쪽 길로 갔다. 노인은 편평한 길로 가긴 했지만 거의 쓰러질 정도로 녹초가 되었다. 길이 질퍽거렸기 때문이었다. 그런데 예렌세 세센이 간 길은 울퉁불퉁했지만 말라 있어서 아무런 어려움 없이 쉽게 갈 수 있었다.

그렇게 마을에 도착한 예렌세 세센은 아가씨들을 만났다. 그들은 숲에서 마른 나뭇가지를 가지고 왔다. 그때 어디선가 빗방울이 떨어지기 시작했다. 한 아가씨가 재빨리 속옷을 벗어 마른 나뭇가지를 덮었다.

예렌세 세센이 물었다.

"아가씨, 왜 옷을 적십니까?"

"옷이 젖으면 이 나뭇가지로 불을 피워서 말리면 되지만 나뭇가지가 젖으면 집 안 사람들이 모두 굶게 됩니다."

예렌세 세센은 이 아가씨와 재치 있는 대답이 마음에 들었다. 아가씨의 뒤를 따라가서 어디로 들어가는지 알아냈다. 바로 그때, 좀 전에 만났던 노인이 진흙범벅이 되어 아가씨가 들어간 바로 그 집으로 들어갔다. 예렌세 세센도 뒤따라갔다. 하룻밤 묵게 해 달라고 청했다. 그를 알아본 노인이 안 된다고 완강히 반대하면서 이렇게 말했다.

"자네는 오는 내내 말도 안 되는 소리로 나를 힘들게 하지 않았는가?"

카라세스라는 이름의 딸이 호기심을 가지고 물어보았다.

"말도 안 되는 소리라니요? 무슨 말이죠? 저 사람이 아버지에게 어떤 말을 했죠?"

"나무 난로에 불을 때야 하지 않겠냐는 둥, 게다가 글쎄 굶주린 말에게 먹이를 줘야 하지 않겠냐는 둥 계속 헛소리를 하더구나. 그래서 기분이 상당히 상했다."

노인은 예렌세 세센에게서 들은 말을 빠짐없이 그대로 전했다.

카라세스가 말했다.

"세상에, 전혀 헛소리가 아닌데요. 아버지가 이 사람의 말을 이해하지 못한 것뿐이네요. 나무 난로에 불을 때자는 건 담배를 태우자는 말이었고, 굶주린 말에게 먹이를 주자는 건 식사를 하자는 말이었어요. 저 사람의 말은 다 맞는 거죠. 또 편평한 길로 가면 더 오래 가야 합니다. 진창길이기 때문이죠. 그런데 울퉁불퉁한 길은 마른 길이어서 결국 편평한 길보다 더 빨리 올 수 있다는 말이었죠."

딸이 노인을 설득해서 예렌세 세센은 그 집에서 자게 되었다.

모두 함께 차를 마시려고 앉았다. 예렌세 세센이 방을 둘러보면서 말했다.

"집이 참 아름답군요. 하지만 페치카[2]가 좀 큰 것 같네요!"

그러자 카라세스가 대답했다.

"페치카는 가리면 됩니다. 문턱이 지나치게 높은 게 더 안 좋은 거죠."

예렌세 세센은 눈이 너무 크다고 카라세스를 놀렸지만 카라세스는 전혀 당황하지 않은 채 그의 코가 크다고 슬쩍 돌려서 말했다.

이렇게 예렌세 세센은 카라세스의 지혜를 시험해 본 뒤 카라세스에게 청혼했다. 카라세스는 예렌세 세센을 바라보

---

2) 벽난로.

면서 그의 속눈썹을 살며시 만졌다. 이는 예렌세 세센의 속눈썹만큼 지참금을 낸다면 아버지가 결혼을 허락할 것이란 사실을 알려 주기 위해서였다. 그러자 예렌세 세센은 자신의 머리카락을 만졌다. 이는 속눈썹이 아니라 머리카락만큼 지참금을 낼 수 있다는 의미였다.

노인은 딸의 지참금으로 금 한 자루를 요구했다.

예렌세 세센은 왕에게 돌아왔다. 어찌어찌해서 훌륭한 아가씨를 찾았는데 아버지가 딸의 지참금으로 금 한 자루를 요구한다는 말을 했다. 왕이 지참금을 주었지만 자루를 가득 채우지는 못했다. 교활한 노인은 딸에게 쐐기풀로 만든 큰 자루를 들려서 약혼자를 맞이하러 보냈다. 아름다운 카라세스는 바보가 아니었다. 미리 조약돌을 준비해 두었다.

예렌세 세센에게 말했다.

"지참금으로 금 한 자루를 냈다는 말은 들어 본 적이 없습니다!"

카라세스는 자루에 돌을 채운 뒤 위쪽만 살짝 금으로 덮었다.

예렌세 세센은 카라세스와 결혼을 했고 행복한 시간이 이어졌다.

얼마 뒤 젊은 카라세스를 보기 위해 왕이 왔는데 그녀의 미모에 이만저만 놀란 게 아니었다. 왕은 질투에 눈이 멀었다. 예렌세 세센과 싸울까? 아니면 강제로 빼앗아 올까? 이리저리 궁리한 끝에 왕은 예렌세 세센에게 도저히 이행할 수 없는 명령을 내려 카라세스를 빼앗기로 마음먹었다.

어느 날 왕은 예렌세 세센에게 하늘과 땅 사이에 돌과 진흙으로 2층 궁전을 지으라고 명령했다.

"이행하지 못하면 네 아내를 데리고 오겠다."

예렌세 세센은 슬픔에 잠긴 채 집에 돌아와 아내에게 왕의 명령을 들려주었다. 카라세스가 말했다.

"숲에 가서 앵무새 몇 마리를 잡아 오세요."

예렌세 세센은 앵무새를 잡아 왔고 카라세스는 앵무새에게 말을 가르치기 시작했다.

앵무새들이 '돌'과 '진흙'이란 단어를 다 외우자 예렌세 세센은 왕궁으로 가서 앵무새들을 궁전 지붕에 올려놓은 뒤 왕에게 갔다.

왕이 물었다.

"그래, 준비는 되었느냐? 어떻게 지을 것이냐?"

"제가 이곳으로 제 휘하 부대를 모두 이끌고 왔습니다."

이때 앵무새가 큰 소리로 외치기 시작했다.

"돌! 진흙!"

"돌! 진흙!"

예렌세 세센이 진짜로 엄청난 수의 부대를 이끌고 왔다

는 생각에 왕은 정신이 아득할 정도로 놀라서 조용히 침실로 들어갔다.

이번에는 졌지만 왕은 여전히 뜻을 접지 않았다. 예렌세 세센에게 다른 명령을 내렸다.

“내게 숫양 마흔 마리가 있으니 가져가서 양 우리를 양 새끼들로 채워 놓도록 해라.”

예렌세 세센은 이번에도 아내에게 조언을 구했다.

“그런 일로 낙담하지 마세요! 왕이 오면 제가 해결할게요.”

시간이 얼마나 흘렀을까…. 왕이 왔다. 그를 본 카라세스는 재빨리 침대에 이불을 깔고는 남편을 뉘었다. 그리고 직접 왕을 맞이하러 나갔다. 왕은 제일 먼저 예렌세 세센이 어디에 있냐고 물었다.

카라세스가 대답했다.

“집에 있습니다. 그런데 건강이 아주 나쁩니다. 아이를 낳은 후 웬일인지 몸을 추스르지 못하고 있습니다.”

왕이 카라세스를 쳐다보면서 말했다.

“나 원 참, 어리석구나. 남자가 아이를 낳은 것을 본 적이 있느냐?”

“그럼 숫양이 새끼를 낳은 것은 본 적이 있습니까?”

지혜로운 대답을 들은 왕은 당황한 나머지 어떻게 할 바를 몰라 허둥대다가 그대로 줄행랑을 쳤다. 왕은 여전히 뜻을 포기하지 못한 채 새로운 꾀를 궁리해 냈다.

얼마 뒤 왕은 아픈 척하면서 예렌세 세센을 불렀다

“아이쿠, 아름다운 카라세스가 만든 음식을 먹으면 당장 병이 나을 것 같구나. 그녀에게 빵을 구워 오라고 하게.”

집으로 돌아온 예렌세 세센은 아내에게 왕의 부탁을 전했다. 그런데 아내는 전혀 당황하지 않았다. 자신의 가슴에서 젖을 짜서 밀가루를 반죽한 뒤 빵을 구워 남편과 함께 왕에게로 갔다.

빵을 먹은 왕이 칭찬하기 시작했다.

“빵이 정말 맛있구나! 신기하구나, 아름다운 카라세스야, 반죽에 무엇을 넣었느냐?”

그러자 예렌세 세센이 비밀을 누설했다.

카라세스의 말을 들은 왕이 말했다.

“아이쿠, 앞으로는 절대 너희를 괴롭히지 않겠다. 아름다운 카라세스의 젖으로 반죽한 빵을 먹었으니 이제부터 카라세스는 내 유모이고 나는 그녀의 양아들이다.”

얼마 뒤 예렌세 세센은 예전처럼 다시 왕의 가장 가까운 신하가 되었다.

이런 일도 있었다. 왕이 신하들을 모아 놓고 왕좌에 앉아서 모두 차례차례 자기 앞을 지나가라고 명령했다. 신하가 옆으로 지나갈 때마다 왕은 머리를 긁적였다. 신하 중 누구도 이것이 무슨 뜻인지 알아채지 못했다. 예렌세 세센은 맨 끝에 서 있었다. 그가 왕의 옆을 지나갈 때 왕이 머리를 긁적이자 예렌세 세센은 왕에게 혀를 보여 주었다.

왕이 물었다.

"이보시오, 신하들은 이게 무슨 의미인지 아시오?"

"전혀 모르겠습니다."

"신하들이 모두 싫어하는 예렌세 세센은 내가 머리를 긁적이자 내게 혀를 보여 주었소. 내가 머리를 긁적인 것은, 죽고 싶을 정도로 불행해지는 이유는 도대체 무엇이냐는 말이었소. 그랬더니 그는 긴 혀 때문이라고 대답했소. 이제부터는 예렌세 세센이 최고대신이오."

이렇게 해서 예렌세 세센은 최고대신의 자리에 오르게 되었다.

투라칸, 야네바칸, 그리고 예렌세 세센

투라칸과 야네바칸이라는 두 왕이 60베르스타[3] 떨어진 이웃에 살고 있었다.

어느 날 투라칸의 수말이 큰 소리로 이상하게 웃기 시작했다. 이 시각 야네바칸의 암말들이 유산을 했다. 야네바칸은 이웃인 투라칸에게 항의했다. 당신 수말이 너무 크게 웃는 바람에 자기 암말들이 유산했으니 책임을 지라는 거였다. 투라칸은 이만저만 놀란 게 아니었다.

'어떻게 수말의 웃음소리 때문에 60베르스타나 떨어진 곳에 있는 암말이 유산을 할 수 있지?'

투라칸은 백성들과 병사들을 모아서 이 문제를 어떻게 해결하면 좋을지 물었다. 백성들과 병사들은 황당해하면서 양팔만 벌릴 뿐 아무 말도 못 한 채 안절부절못했다. 이때 한 노인이 말했다.

"우리 집에 타즈라는 청년이 있는데 무척 지혜롭습니다. 지금 가축 떼와 함께 있는데 그 청년이라면 어떻게 해야 할

---

3) 베르스타는 미터법 시행 전 러시아의 거리 단위로, 1베르스타는 1.067킬로미터다.

지 알 겁니다."

투라칸이 소리쳤다.

"좋다! 그 청년을 이리로 데리고 오너라!"

타즈를 데리러 소년을 보냈다. 마침 타즈는 강 건너편에서 가축들에게 풀을 뜯기고 있었다.

소년이 말했다.

"이봐요, 타즈, 왕이 불러요."

그들은 함께 걸어갔다. 강에 도착하자 타즈는 그 전까지 어깨에 걸치고 있던 신발을 신었다.

어린 소년이 물었다.

"에구, 세상에, 땅에서는 멀쩡히 맨발로 가다가 왜 강을 건널 때 신을 신는 겁니까?"

"돌 때문에 발이 다칠까 봐 그래."

투라칸에게 도착했다. 주위는 사람들로 꽉 차 있었다. 투라칸이 물었다.

"이러이러한 일이 있었다. 타즈야! 이 문제를 어떻게 해결하면 좋겠느냐?"

"제게 청년 예순 명을 주십시오."

청년 예순 명이 모였다.

"모두에게 칼을 주십시오."

칸은 모두에게 칼을 주었다.

"우람한 황소를 주십시오."

황소도 데리고 왔다.

"늙은 염소도 주십시오."

늙은 염소도 데리고 왔다.

모든 것이 다 갖추어지자 타즈는 야네바칸의 나라로 떠났다. 청년들에게는 각자의 재능을 보여 달라고 했다. 누구에게는 노래하는 재능을, 누구에게는 춤추는 재능을, 또 누구에게는 둠비라[4]를 연주하는 재능을 보여 달라고 했다.

그렇게 그들은 걸어갔다. 다락방에 앉아 있던 야네바칸은 멀리서 그들이 오는 것을 보았다.

'이상한 사람들이 이곳으로 엄청나게 몰려오고 있네. 싸우러 오는 건가?'

불안한 야네바칸은 병사들에게 나가 보라고 했다.

병사들이 물었다.

"무슨 일로 오십니까? 싸우러 오는 겁니까?"

"아닙니다, 우리는 놀면서 즐기려고 왔습니다."

타즈와 청년들은 이렇게 대답하면서 땅 위에 쓰러진 개들을 차례차례 죽였다. 그때 야네바칸의 개 두 마리가 그에게 달려들자 그놈들도 마구 때렸다.

4) 바시키르족 전통 현악기.

야네바칸이 소리쳤다.

"그만둬, 그만두지 못하겠느냐! 도대체 왜 개를 죽이고 때리는 거냐?"

"내 가축 떼를 늑대들이 습격했습니다. 그 바람에 양이 죽었습니다. 당신의 개들이 제 할 일을 잊어먹고 늑대들을 쫓아내기 않았기 때문입니다."

"에이, 어리석은 인간! 60베르스타 떨어진 곳에 있는 개들이 늑대가 양을 죽이는 것을 어떻게 알아!"

"그렇군요, 참으로 현명하십니다! 그런데 당신은 왜 투라칸의 수말이 웃는 바람에 당신의 암말이 유산했다고 하셨습니까? 투라칸은 여기에서 60베르스타나 떨어져 있는데 말입니다."

곰곰이 생각한 다음 야네바칸이 물었다.

"너희 가운데 수염이 거친 자는 없나?"

"어떻게 없을 수가 있습니까, 있지요! 다른 사람은 무시하고 자기 생각만 고집하는 사람이 그런 사람이 아닐까요."

그렇게 말한 뒤 타즈는 우람한 황소를 앞으로 끌고 나왔다.

"갑자기 웬 소! 이게 사람인가? 나는 수염이 거친 자가 있냐고 물었네."

"그런 사람도 있지요. 있고말고요!"

타즈는 이번에는 늙은 염소를 자신만만하게 끌고 나왔다.

야네바칸이 말했다.

"좋다, 네 말은 한 마디 한 마디 모두 보석 같구나. 이제부터 너를 예렌세 세센이라고 부르고 네 말 한 마디마다 보석 한 개씩 주겠다."

이렇게 해서 목동 타즈는 예렌세 세센이 되었고 말 한 마디마다 보석을 하나씩 받아서 자기 나라로 돌아왔다.

투라칸이 물었다.

"그래, 해결했느냐?"

"예, 해결했습니다."

"그렇다면 내 아들이 되어라. 네게 순한 말과 좋은 옷을 주겠다. 이제는 가서 약혼녀를 찾아오너라."

예렌세 세센은 말에 안장을 얹고 약혼녀를 찾으러 갔다. 가는 도중 한 노인과 마주쳤다. 말없이 함께 길을 가는데 너무 지루해서 참을 수가 없었다.

예렌세 세센이 말했다.

"시간을 줄여 봅시다. 그렇지 않으면 시간이 엄청 심하게 길어질 겁니다."

"에이, 어리석은 사람 같으니! 시간을 어떻게 줄일 수 있나?"

계속 길을 갔다. 예렌세 세센이 또 말했다.

"노인! 땅으로 솥을 만들어 봅시다."

"에이, 어리석은 사람 같으니! 땅으로 어떻게 솥을 만드나?"

갈림길에 도착했다. 하나는 곧은길이고 다른 하나는 구불구불한 길이었다.

"이 길은 곧지만 돌아가는 길이고 저 길은 구불구불하지만 곧장 가는 길입니다."

이 말을 들은 노인은 화가 스멀스멀 올라와서 견딜 수가 없었다.

"에이, 어리석은 사람아! 곧은길인데 어떻게 돌아갈 수가 있나!"

노인은 곧은길로, 예렌세 세센은 구불구불한 길로 갔다.

마을 어귀에 도착한 예렌세 세센은 맨 끝 집 마당에서 아리따운 아가씨의 모습을 얼핏얼핏 보았다. 소젖을 짜는 것 같았다.

그곳으로 다가간 예렌세 세센이 아가씨에게 물었다.

"이거 봐요, 아가씨, 너무 배가 고프네요. 먹을 것 좀 줄 수 있나요?"

"안 돼요, 아버지와 어머니가 혼내실 거예요."

"기운이 너무 없어요. 제발, 먹을 것 좀 주세요, 제발!"

"좋아요, 정 그렇다면…."

예렌세 세센을 집 안으로 데리고 간 뒤 빵을 주었다.

클레츠카[5]를 넣어서 찐 호밀 빵이었다. 아가씨는 앉아서 예렌세 세센이 먹는 것을 바라보았다. 예렌세 세센은 처음에는 한꺼번에 빵 다섯 개, 다음에는 세 개, 그다음에는 두 개, 그다음에는 한 개를 입에 넣었다.

실컷 먹은 뒤 예렌세 세센이 물었다.

"당신 집에는 단단하고 굵은 통나무가 있군요. 제가 통나무를 한 번에 몇 개나 나를 수 있는지 궁금하지 않나요?"

"삐쩍 마른 말이 있었는데 처음엔 다섯 개를 날랐습니다. 그 후에는 세 개를 날랐습니다. 그런데 실컷 먹고 나더니 한 개만 겨우겨우 끌고 가더군요."

예렌세 세센이 잠시 생각에 잠긴 뒤 말했다.

"그렇군요. 그런데 이 집의 난로는 아름답긴 한데 굴뚝이 조금 굽었더군요."

사실 아가씨의 코는 약간 매부리코였다. 아가씨가 대답했다.

"굴뚝이 약간 굽어서 연기를 더 잘 빼냅니다."

예렌세 세센은 다른 집에 잠자리를 청하러 가다가 좀 전

---

5) 바시키르족의 음식으로, 수프에 넣는 작은 경단 같은 것.

에 만났던 노인이 그 아가씨의 집으로 들어가는 모습을 목격했다. 그 노인이 바로 아가씨의 아버지였다.

예렌세 세센은 아가씨에게 청혼하기로 결심한 후 중매쟁이를 보냈다. 중매쟁이가 말했다.

"한 청년을 중매하려고 왔습니다."

노인은 청혼자의 정체를 알고 나서는 손을 저었다.

"안 돼, 안 돼, 그자하고는 절대 안 돼. 그자를 알지. 아주 어리석은 자야. 우연찮게 같이 왔는데 시간을 줄여 보자고 하더군. 그러지 않으면 시간이 아주 심하게 길어질 것이라면서 말이야. 그런데 생각해 보게, 긴 시간을 어떻게 줄일 수 있는가?"

아가씨가 물었다.

"그런데 아버지, 오시면서 아무 말도 안 하셨나요?"

"아무 말도 안 했지."

"결론을 내리자면 청년은 아버지와 이야기를 나누려 했습니다. 그렇게 하면 지루하지 않으니 시간이 짧게 느껴지잖아요."

"좋아, 그건 그렇다고 하자. 얼마 뒤에는 느닷없이 땅으로 솥을 만들자고 하더군."

"아주 간단합니다. 청년은 모닥불 밑의 구덩이에서 불을 붙여 담배를 피우길 원한 겁니다."

"좋아. 그런데 갈림길에 갔을 때 어디로 갈 거냐고 묻더군. 그러면서 이 길은 곧지만 돌아가는 길이고 저 길은 구불구불하지만 곧장 가는 길이라고 하더군. 나 원 참! 기가 막혀서! 곧은길을 두고 굳이 왜 구불구불한 길로 가겠니?"

"그런데 잘 생각해 보세요. 그 사람이 아버지보다 먼저 도착하지 않았나요? 아버지는 불편한 길을 택한 거죠. 그는 무척 지혜로운 사람입니다. 아버지가 반대하건 반대하지 않건 그 청년에게 시집을 가겠어요."

"그렇게 해라. 대신 지참금으로 암말 여섯 필을 가져오라고 해라. 그런데 명심해라. 모두 얼룩말이어야 하고, 서 있을 때 키가 모두 같아야 하고, 판에 박은 듯 모두 똑같이 생겨야만 한다."

"그가 어디서 암말을 여섯 마리나 구하겠어요? 게다가 더 어려운 건 똑같이 생겨야 한다는 거잖아요…."

아가씨는 한없는 슬픔에 잠겼다. 하지만 아무것도 할 수가 없었다. 아가씨는 예렌세 세센에게 가서 노인이 요구한 것을 그대로 전했다.

예렌세 세센이 말했다.

"괜찮아요, 슬퍼하지 마세요. 내게 나뭇가지를 가지고 오세요."

가져다주었다. 예렌세 세센은 나뭇가지를 똑같이 여섯

조각으로 자른 뒤 중매쟁이를 노인에게 보내면서 말했다.

"노인은 '세상에, 이 사람은 어리석긴 정말 어리석어. 내가 고작 이런 걸 요구했다고 생각하나?'라고 할 겁니다. 그럼 '중요한 건 판에 박은 듯 똑같이 생겼다는 사실이죠. 또 한 가지 중요한 건 어쨌든 그가 당신의 요구 조건을 이행했다는 것이죠. 이런 사소한 일로 싸울 필요가 있을까요?'라고 말하면 됩니다."

노인은 쥐구멍이라도 있으면 숨고 싶은 심정이었다. 결혼을 승낙했다.

예렌세 세센은 칸에게 돌아와서 그동안 있었던 일을 낱낱이 들려주었다.

칸이 말했다.

"뭐야! 나도 며느리의 지혜를 직접 시험해 봐야겠군. 며느리에게 돌로 덧신을 지어 오라고 해라."

칸은 그 아가씨를 며느리라고 불렀다. 아가씨에게 갔던 칸의 시종이 아가씨의 대답을 가지고 되돌아왔다.

"칸이 모래로 실을 만들어 주면 저는 돌로 덧신을 만들겠어요."

"훌륭하다. 그 정도 대답이면 충분하다. 이제는 그 아이의 아버지에게 수소를 가져다주고 내가 갈 때에 맞춰 수소가 새끼를 낳아야 한다고 전해라."

수소를 본 아버지는 하늘이 무너지는 것 같았다. 너무 슬퍼했다.

"세상에, 어떡하면 좋냐! 어떻게 수소가 새끼를 낳을 수 있단 말이냐?"

"아버지, 슬퍼하지 마세요. 가서 소를 잡아 실컷 드세요."

아버지에게 소를 잡아먹은 뒤 문 뒤에 휘장을 치고 그 안에 들어가 누워 있으라고 했다. 드디어 칸이 왔다. 아가씨는 휘장 근처에서 못 볼 것을 본 것처럼 안절부절못하고 있었다. 아가씨가 소리쳤다.

"세상에, 이걸 어쩌면 좋아요! 아버지가 아이를 낳았어요!"

칸이 아가씨의 말을 듣고는 말했다.

"정말 어리석구나! 아버지가 어떻게 아이를 낳느냐!"

"지혜로우신 칸님, 수소가 어떻게 새끼를 낳을 수 있나요?"

아가씨가 찾은 답은 얼마나 현명한가! 칸은 그대로 말을 돌려서 집으로 달려갔다.

얼마 뒤 예렌세 세센은 아가씨를 집으로 데리고 와서 오랫동안 아무 방해도 받지 않고 편안하게 잘 살았다. 여전히 예렌세 세센은 한 마디 할 때마다 보석 하나씩을 받았다. 그는 자신감이 넘친 나머지 오만하게 말하기도 했다.

"나는 말 한 마디 할 때마다 보석을 하나씩 받는 대단한 사내야."

아내가 말했다.

"아니에요, 당신은 아직 사내가 아니에요. 당신은 철부지예요. 사내는 가슴에 털이 자란답니다."

그렇군. 사냥을 나갔던 예렌세 세센은 우연히 나이 든 사냥꾼을 만났다. 그들은 동시에 한 토끼를 쏘았다.

"내가 쏘았어."

"아니야, 내가 쏜 거야."

나이 든 사냥꾼이 심하게 화를 냈다.

"에이, 도대체 너 뭐 하는 짓이야! 이제 막 엄마 배 속에서 기어 나온 것 같은데… 네가 토끼를 잡았다고? 그걸 믿으라는 거야?"

사냥꾼은 결투를 해야 한다며 예렌세 세센의 손을 묶어 자기 집으로 데리고 갔다. 집에 도착한 뒤 예렌세 세센을 현관에 앉혀 놓고 자기는 땀을 뻘뻘 흘리면서 식사를 했다. 얼마나 식사를 열심히 하는지 강물처럼 흐르는 땀을 주체할 수가 없어 문을 활짝 열고는 가슴을 풀어헤쳤다. 그의 가슴을 본 예렌세 세센은 히죽 웃었다. 그 모습에 기분이 상할 대로 상한 사냥꾼이 자리에서 일어나면서 소리쳤다.

"뭐야! 식사가 끝나면 반드시 네게 총을 쏠 거야. 그래도 웃음이 나와?"

예렌세 세센이 대답했다.

"당신은 진짜 사내가 분명하군! 아내가 말하길 가슴에 털이 나면 진짜 사내라고 하던데."

"맞다! 네 아내는 참으로 현명하구나. 좋다! 아내를 생각해서 너를 용서해 주겠다. 집으로 가라."

집에 도착했다. 그 시각 예렌세 세센의 동생은 교수대로 끌려가서 사형에 처해지기 직전이었다. 동생도 토끼 사냥을 나갔는데 사냥에서 말썽이 생겼다. 그래서 사형을 선고받았다.

아내가 예렌세 세센에게 말했다.

"식사하겠다고 앉아 있을 시간이 없어요. 조금 있으면 동생을 죽일 거예요. 교수형에 처한대요. 빨리 가 보세요."

예렌세 세센이 소리쳤다.

"그만두세요. 왜 그를 죽이려고 합니까?"

사형 집행인이 대답했다.

"거짓말을 했거든요. 자신이 쏜 총알이 토끼 다리를 지나 토끼의 귀에 명중했다고 떠들어 댔어요. 하지만 그건 불가능합니다. 그래서 사형에 처하기로 결정했소."

주위에서 웅성거렸다.

"정말 총알이 다리를 지나서 귀에 맞을 수 있을까?"

예렌세 세센이 말했다.

"가능합니다. 내가 직접 보았소. 그가 총을 쏠 때 마침 토끼는 다리로 귀를 긁고 있었소. 정말로 총알이 다리를 지난 뒤 귀에 가서 박혔소."

뛰어난 기지와 순발력으로 예렌세 세센은 동생을 죽음에서 구했다.

강도를 찾아낸 영리한 공주

밭을 갈던 노인이 금 항아리를 발견해 친구와 의논을 했다.

"이걸 어떻게 하면 좋겠는가?"

"왕에게 갖다주게."

왕에게 금 항아리를 가지고 가던 노인은 세 남자를 만났다. 그들이 물었다.

"어디 가시오? 항아리에 무엇이 있소?"

노인이 왕에게 금 항아리를 가지고 간다고 대답하자 이 남자들은 노인에게서 금 항아리를 빼앗아 달아났다. 예기치 않던 상황에 너무 놀란 노인이 왕에게 황급히 달려와서 말했다.

"밭에서 금 항아리를 발견해 왕에게 가지고 오던 중 세 남자를 만나 빼앗겼습니다."

불같이 화가 난 왕은 당장 이들을 찾아오라는 명령을 내렸다. 세 남자가 왕 앞에 끌려왔다. 왕이 물었다.

"너희는 왜 노인에게서 금 항아리를 빼앗았느냐?"

"절대 빼앗지 않았습니다!"

왕은 이들을 감옥에 가두라고 명령했다. 왕에게는 아주

현명한 공주가 있었다. 공주가 아버지에게 말했다.

"아버지, 이 사람들을 제게 넘겨주십시오. 제가 진실을 알아내겠습니다."

왕은 공주의 뜻을 따랐다. 공주가 세 남자에게 물었다.

"아버지는 노인의 말만 철석같이 믿고 아무 이유 없이 당신들은 감옥에 집어넣어 힘들게 했습니다. 내가 한 가지 일로 골머리를 썩고 있으니 이 일을 해결할 수 있도록 당신들의 생각을 말해 주십시오. 그럼 당신들을 풀어 주겠습니다.

옛날에 어떤 부자에게 아름답고 과년한 딸이 있었습니다. 어느 날 정원을 돌아다니던 딸은 높은 나무 꼭대기에 무척 아름다운 꽃이 걸려 있는 광경을 목격했습니다. 딸이 하녀들에게 이 꽃을 꺾어 주면 큰 선물을 주겠다고 했습니다. 하녀 중 누구도 꽃을 꺾으려 하지 않았습니다. 딸은 큰 슬픔에 잠겼습니다. 그때 정원사가 다가와서 나무를 타고 올라가서 꽃을 꺾어 딸에게 주었습니다. 딸은 무척 기뻐하면서 정원사에게 원하는 것을 말하라고 했습니다. 그러자 정원사는 딸에게 결혼을 하게 되면 첫날밤 남편을 버리고 자신에게 와 달라고 했습니다.

얼마 뒤 딸은 결혼을 했습니다. 결혼식이 끝난 뒤 첫날밤 남편과 단둘이 남겨진 딸은 정원사와 한 약속이 떠올라서 어떻게 하면 좋을지 남편에게 조언을 구했습니다. 그러자 남편은 약속을 했으면 지켜야 하니 정원사에게 가라고 했습니다. 딸은 옷을 입고 정원사의 집으로 서둘러 갔습니다.

딸은 가는 도중 늑대를 만났습니다. 당연히 늑대는 딸을 잡아먹으려 했지요. 그러자 딸이 늑대에게 결혼식 첫날밤 정원사에게 가기로 한 약속을 지킬 수 있게 놓아 달라고 했습니다. 늑대는 딸을 놓아주었고 딸은 정원사에게 무사히 갔습니다. 딸은 정원사에게 첫날밤 당신에게 오겠다는 약속을 지키기 위해 남편을 두고 왔다고 말했습니다. 그러자 정원사는 딸의 진실에 감복해 아무것도 필요 없으니 서둘러 남편에게 돌아가라고 했습니다. 딸은 무사히 남편에게 돌아왔고 이후 둘은 행복하게 살았답니다."

이야기를 마친 공주는 세 남자에게 물었다.

"말해 주십시오. 남편은 어째서 첫날밤 딸을 놓아주었고 늑대는 왜 잡아먹지 않았으며 정원사는 왜 딸에게 서둘러 돌아가라고 했을까요?"

남자들이 차례로 대답했다.

"남편은 그냥 멍청이인 것 같소."

"늑대는 이빨이 없어서 잡아먹을 수 없었던 것 같소."

"정원사는 늙어 빠져서 아무것도 할 수 없기 때문에 제 발로 자신을 찾아온 아름다운 아가씨를 밤에 풀어 준 것이오."

공주는 이 비열한 남자들의 생각을 알아내어 왕에게 알려 주었다. 왕은 이들이 노인에게서 금 항아리를 빼앗은 것이 확실하다고 굳게 믿었다.

"이제 모든 것이 분명해졌다. 너희가 금 항아리를 빼앗은 것이 확실하니 노인에게 돌려주어라. 그렇지 않으면 너희의 목을 베겠다!"

그들은 너무 놀라 금 항아리를 꺼내어 왕에게 주었다.

왕비가 된 영리한 파우키누르

오래전에 교활한 왕이 있었다. 어느 날 왕이 말했다.

"40일 동안 내 숫염소 마흔 마리를 가지고 가서 새끼 여든 마리를 만들어 오는 사람에게 내 재산의 절반을 주겠다."

아무리 왕이라 한들 누가 이런 얼토당토않은 제안을 받아들이겠는가! 누구도 왕의 이 제안을 받아들이지 않았다. 그런데 그 나라의 어느 마을에 가난한 노인이 딸 파우키누르와 함께 살고 있었다. 딸이 아버지에게 말했다.

"아버지, 왕에게 가서 염소들을 데리고 오세요."

아버지는 딸의 말이 황당무계하게 들렸다.

"왕은 40일 동안 숫염소 마흔 마리로 새끼 염소 여든 마리를 만들어 오라고 했다. 그게 가능하겠느냐?"

"아버지, 일단 가서 데리고 오세요. 어떻게 할 건지는 나중에 생각해요."

딸은 계속 아버지를 설득했다. 아버지는 딸의 성화에 못 이겨 결국 염소를 데리고 왔고 염소를 볼 때마다 한없는 슬픔에 잠겼다.

"얘야, 불행이 우리를 기다리고 있구나. 어떻게 숫염소 마흔 마리로 새끼 여든 마리를 만들 수 있겠느냐!"

"걱정 마세요. 오늘은 염소 한 마리를 잡으세요."

아버지와 딸은 매일 염소를 한 마리씩 잡아먹었다. 40일 되는 날 마지막 염소마저 잡아먹었다. 바로 그날 왕이 신하를 불렀다.

"가서 노인이 염소를 여든 마리로 불려 놨는지 알아보고 오시오."

신하들이 왔을 때 마침 노인은 집에 없었다. 신하들이 딸에게 물었다.

"아버지는 어디에 있느냐?"

"목욕탕에서 아이를 낳고 있습니다."

"바보 멍청이 같으니라고! 도대체 무슨 말을 하느냐? 어떻게 남자가 아이를 낳을 수 있단 말이냐?"

"왕은 숫염소가 새끼를 낳을 수 있다고 하지 않았습니까?"

신하들은 왕에게 돌아와서 딸의 말을 전했다.

"세상에! 이럴 수가! 그 아이가 내게 교훈을 주었구나. 지금 즉시 그 아이에게 양가죽을 가져다주거라. 그리고 할 수 있는 한 가장 짧은 시간 내에 내 옷을 지으라고 해라."

양가죽을 받은 딸은 왕에게 왕의 키의 4분의 1 길이의 막대를 보내면서 왕의 키와 몸 둘레를 표시하게 했다. 자신이 졌다는 사실을 알아차린 왕은 신하들에게 다시 명령했다.

"가서 그 아이를 이리로 데리고 오너라. 선물을 가지고 오되 선물을 가지고 오지 말라고 전해라."

"알았습니다. 그렇게 전하겠습니다."

파우키누르는 참새를 잡아서 길을 따라 왕에게 갔다. 왕궁에 들어간 즉시 파우키누르가 참새를 창문으로 날려 보내는 바람에 왕은 참새가 날아가는 것을 미처 보지도 못했다.

"정말 영리하구나. 내게 시집을 오겠느냐?"

"황송합니다. 어찌 감히 왕의 청혼을 거절하겠습니까? 하지만 저는 가난한 집안의 딸입니다."

"상관없다. 너를 아내로 맞이하겠다. 하지만 조건이 있다. 나 없이 어떤 결정도 내려서는 안 되고 재판을 해서도 안 된다. 이 조건을 어기면 그날로 너와 헤어질 것이다."

딸은 왕의 조건을 받아들였고 결혼을 했다. 어느 날 왕이 어딘가로 떠났는데 이때 두 농부가 방앗간에서 싸움을 벌이던 중 해결을 해 달라며 왕을 찾아왔다. 싸움의 근원은 이러했다. 전날 밤에 한 농부의 말이 새끼를 낳았는데 잠에서 깨어나 보니 새끼가 다른 농부의 마차 근처를 배회하고 있었다. 그래서 싸움이 붙었다.

"내 말이 새끼를 낳았습니다."

"아닙니다. 새끼를 낳은 것은 제 말입니다."

계속 소동이 벌어지고 싸움이 이어졌지만 해결이 도저히

불가능해 왕을 찾아온 것이었다. 그런데 왕은 궁궐에 없었고 왕비만 남아 있었다. 그래서 왕비에게 자신들이 싸움을 하게 된 이유를 들려주었다.

"새끼가 내 마차 근처에서 뛰어놀고 있었습니다. 그러니 내 말이 새끼를 낳은 것입니다."

"이제 그만하시오! 새끼들은 아무 생각 없이 짤그락 딸그락 소리가 나는 곳으로 가는 법이오. 이 새끼 말도 그랬을 것이오."

왕비는 이렇게 해서 싸움을 해결했고 마차의 주인은 새끼를 놓아주었다. 왕이 돌아오자 왕비는 이 일을 왕에게 들려주었다.

"당신은 나와 한 약조를 어겼소. 필요한 물건을 챙겨서 떠나시오. 나는 당신과 더 이상 살 수가 없소."

"좋든 싫든 어쨌든 우리는 결혼을 했습니다. 이렇게 헤어질 수는 없지 않겠습니까? 헤어질 때 헤어지더라도 이별식을 합시다. 술이 한 잔 들어가면 이성을 잃게 되지요. 그러면 이별을 좀 더 쉽게 받아들일 수 있을 것 같습니다."

왕은 잠시 생각한 끝에 왕비의 제안을 받아들였다. 왕비는 왕을 취하도록 마시게 한 뒤 마차에 태워 자기 집으로 데리고 갔다. 가는 도중 왕이 잠에서 깨어나 물었다.

"여기가 어디요? 어디로 가는 거요?"

"제게 필요한 것을 가지고 가라고 말씀하셨지요. 저는 당신 말고는 아무것도 필요하지 않습니다."

왕과 왕비는 다시 궁전으로 돌아왔고 오랫동안 행복하게 살았다.

왕의 신임을 얻게 된 현명한 농부

옛날에 왕이 있었는데 가장 아끼는 신하의 말만 믿고 무척 많은 사람을 사형에 처했다. 왕은 형벌이라고는 참수형과 교수형밖에 몰랐다. 어느 날 공주가 재판정에 와서 아버지가 재판하는 것을 보게 해 달라고 청했다. 이날 한 남자가 교수형을 선고받았다.

재판이 끝난 뒤 공주가 아버지에게 말했다.

"아버님, 재판이 공정하지가 않아요. 증인들은 한결같이 이 남자에게 불리한 증언을 했어요. 그들의 말은 믿을 수가 없어요. 말이 서로 앞뒤가 안 맞아요."

공주의 말을 들은 왕은 형 집행을 연기하라고 명령한 뒤 가장 아끼는 신하만 대동하고 들판에 산책을 나갔다. 산책을 하던 왕과 신하는 밭 가장자리까지 고랑을 파는 농부를 발견하고는 멈추어 서서 잠자코 지켜보았다. 잠시 후 왕은 농부와 이야기를 나누었다.

"이게 무엇이냐?"

"아무것도 아닙니다."

"이 밭에서 나오는 농작물의 얼마가 네 몫이냐?"

"절반입니다. 그중 5분의 1은 제 의무를 수행하는 데 쓰고, 5분의 1은 아내에게 주는데 제게 이득도 해도 되지 않습니다. 5분의 1은 빚을 갚는 데 쓰고, 5분의 1은 바람에 날려 보내고, 5분의 1은 제 식비로 사용합니다."

"네게 아주 귀한 새를 보내면 털을 잡아 뽑을 수 있겠느냐?"

"임금님, 명령을 내리시면 아무리 귀한 새라도 부드러운 솜털 하나 남기지 않고 다 잡아 뽑겠습니다."

왕은 가던 길을 재촉했다. 뒤에서 따라가던 신하가 물었다.

"무슨 대화를 하셨습니까? 저는 아무것도 알아들을 수가 없습니다."

왕은 내일 이 시각까지 왕과 농부가 나눈 대화 내용을 파악해 오라며 신하를 집으로 돌려보냈다. 알아 오지 못하면 오늘 교수형을 선고받은 남자 대신 교수형에 처하겠다고 했다.

집으로 돌아간 신하에게 부모님이 물었다.

"왜 이렇게 빨리 왔느냐?"

"그게 말입니다, 왕이 한 농부를 만났어요, 그들의 대화를 들었지만 전혀 이해할 수가 없었답니다. 왕이 제게 내일 이 시각까지 왕과 농부가 나눈 대화의 의미를 알아 오라고 했답니다. 알아내지 못하면 교수형에 처해진 남자 대신 저를 교수형에 처하겠다고 했어요."

신하의 말을 귀 기울여 들은 엄마는 농부에게 가서 대화의 의미를 물어보라고 조언했다. 신하는 농부에게 가서 자기 상황을 말했지만 농부는 들은 척도 하지 않은 채 손을 설레설레 흔들었다.

"밭을 더 갈아야 합니다."

신하는 엄청 실망한 채 집으로 돌아와서 어머니에게 말했다.

"대화의 의미를 절대 알려 주지 않네요. 옆에 오지도 못하게 합니다. 두 사람이 나눈 대화의 의미를 알아내지 못하면 왕이 저를 교수형에 처할 거라고 했는데도 눈도 깜박 않더군요. 그런데 제게, 당신은 사람들을 교수형에 처하는 것을 좋아하지 않느냐, 이제는 우리가 당신이 교수형에 처해지는 모습을 볼 차례라고 하더군요."

어머니는 곰곰이 생각한 뒤 신하에게 말했다.

"이렇게 해라. 금 한 상자, 은 한 상자를 농부에게 가지고 가서 애원해라."

신하는 훌륭한 짐마차에 멋진 말을 묶고 금은을 실은 뒤 다시 농부에게 갔다. 이미 일을 끝내고 쉬던 농부는 신하를 발견하고는 눈살을 찌푸렸다.

"또 왔군!"

신하는 간절히 애원하기 시작했다.

"대화의 의미를 알려 주시오. 그러면 당신에게 금 한 상자와 은 한 상자를 드리겠소."

"그런 건 필요 없소. 당신과 볼일 없소. 배가 고파 식사를 하러 가야겠소."

신하는 손이 발이 될 정도로 빌면서 애원했다. 결국 신하는 농부에게 무릎을 꿇고 비는 지경에 이르렀다. 하지만 농부는 여전히 금은은 받지 않으려 했으며 왕과 나눈 대화의 의미도 알려 줄 생각이 없다고 했다.

"좋소. 내가 당신의 금은을 받았다고 칩시다. 하지만 얼마 후면 당신은 당신의 금을 내가 빼앗았다고 할 겁니다. 나는 당신을 너무나 잘 알아요!"

신하는 그 자리에서 종이에 '금은은 내가 직접 주었다'라고 적은 뒤 서명을 했다.

"그럼 이제, 왕과 무슨 이야기를 나누었는지 말해 주시오."

"처음에 왕은 내 건강을 물었고 나는 건강하다고 했소. 다음에 왕은 이 밭의 수입은 어떻게 나누느냐고 물었소. 그래서 밭 주인과 반반씩 나누는데 내 몫 중 5분의 1은 내 의무를 수행하는 데 쓴다고 했소. 이는 나를 길러 준 분들을 봉양하는 데 쓴다는 의미요. 5분의 1은 아내에게 주는데 내게 이득도 해도 되지 않는다고 했소. 5분의 1은 빚을 갚는 데 쓴다고 했소. 이는 우리 부부가 늙었을 때 우리를 봉양할 수 있는 아들을 기르는 데 쓴다는 말이오. 5분의 1은 바람에 날려 보낸다고 했소. 내게 딸아이가 있는데 결혼을 하면 우리를 떠날 것이기 때문이오. 5분의 1은 내 식비로 사용한다고 했소."

"알았소. 그리고 왕이 귀한 새를 보내면 털을 잡아 뽑을 수 있냐고 묻자 당신은 부드러운 솜털 하나 남기지 않고 잡아 뽑을 수 있다고 했소. 이건 무슨 의미요?"

"귀한 새는 당신이오. 이미 나는 당신의 털을 모조리 잡아 뽑았소. 이제 집으로 돌아가시오."

예정된 시간에 신하는 왕에게 가서 농부에게 들은 이야기를 모두 고했지만 귀한 새 이야기만은 입 밖에 내지 않았다.

"그렇다면 우리가 무슨 내용으로 대화를 끝낸 줄 아느냐?"

"농부에게 보내겠다는 귀한 새는 저를 가리킵니다. 솜털 하나도 남기지 않겠다는 것은 농부가 내게 있는 실 한 올까지도 모두 빼앗겠다는 의미입니다. 정말로 그는 제 모든 재산을 빼앗았습니다."

이렇게 해서 신하는 교수형을 면했다. 왕은 회의를 소집

했고 여기서 신하는 어리석다는 이유로 관직을 박탈당하고 그 자리에 농부가 임명되었다.

농부가 신하가 되자 공주가 이의를 제기한 남자에 대한 재판이 새로 열렸다. 농부는 왕에게 이런 말을 했다.

"증인들이 서로의 이야기를 듣지 못하게 해야 합니다."

드디어 재판이 열렸다. 농부가 먼저 물었다.

"증인들은 모두 이 자리에 왔소?"

"모두 왔습니다!"

"그렇다면 한 명씩 차례로 들어와서 이야기하시오."

농부는 먼저 원고를 불러 이름을 물은 뒤 방에서 기다리라고 했다. 다음에는 증인들을 부른 뒤 역시 각자 다른 방에서 기다리라고 했다.

농부는 먼저 원고를 불러 심문을 했다.

"당신은 무엇 때문에 피고를 재판에 넘겼소?"

"함께 산에 갔다가 이 사람이 제 아들을 죽이는 광경을 목격했습니다."

"당신과 함께 있던 사람이 또 있소?"

"증인들이 함께 있었습니다. 우리가 갔을 때 아들은 아직 살아 있었습니다."

"어디서 일어난 일이오? 산기슭, 절벽, 산 정상, 어디였소? 산의 어느 방향에서 일어난 일이오? 동쪽, 서쪽, 남쪽,

북쪽, 어디였소?"

"산 정상의 동쪽이었습니다."

"증인들은 피고가 당신의 아들을 어떻게 죽이는지 보았고 그 자리에 당신도 함께 있었단 말이지요?"

"예, 함께 있었고 함께 보았습니다."

농부는 원고를 방으로 돌려보낸 뒤 증인 세 명을 차례로 불렀다.

"당신은 이 사람이 원고의 아들을 죽이는 것을 원고와 함께 보았습니까?"

"원고가 나를 산꼭대기로 불렀는데 그곳 나무 아래에 원고의 아들이 죽은 채 누워 있었습니다. 원고는 피고가 죽였다고 말했습니다."

"당신은 원고와 함께 피고가 원고의 아들을 죽이는 것을 보았지요?"

"본 것 같기도 하고 아닌 것 같기도 합니다. 길에서 원고를 만났는데 피고가 자신의 아들을 죽였다고 했습니다. 그리고 증인이 되어 달라고 했습니다."

"당신은 원고와 함께 피고가 원고의 아들을 죽이는 것을 보았지요?"

"예, 살인 현장에서 피고를 잡았습니다. 우리가 갔을 때 원고의 아들은 아직 살아 있었습니다."

"어디서 일어난 일이오? 산기슭, 절벽, 산 정상, 어디였소? 산의 어느 방향에서 일어난 일이오? 동쪽, 서쪽, 남쪽, 북쪽, 어디였소?"

"글쎄… 말씀을 드리자면… 절벽에서 반대 방향이니까 해가 지는 곳입니다."

증인 셋이 모두 방으로 돌아간 뒤 신하는 피고를 심문하기 시작했다.

"저는 그날 산에 가지 않았습니다."

재판을 보러 온 사람들은 드디어 이 나라에 현명한 사람이 나타나서 사건이 공정하게 해결되었다며 입에 침이 마르게 농부를 칭찬했다.

농부가 재판정에서 말했다.

"세 증인의 말이 일치하지 않습니다. 피고는 살인을 하지 않았습니다. 피고는 어떤 죄도 짓지 않았습니다."

농부의 말이 끝나고 판결문이 낭독되었다.

"피고는 무죄이며 피고를 음해한 사람은 벌금형에 처한다."

재판을 보러 왔던 사람들은 모두 환한 얼굴로 돌아갔다. 현명한 농부 덕분에 사건은 아주 공정하게 마무리되었다.

아크잠

쿠파르라는 마을에 사비트라는 이름의 고상한 수도승이 살았다. 그는 늘 강에 가서 세례를 했고 기도를 했다. 어느 날 강에 도착한 그는 강에 사과가 떠 있는 것을 보고 주워서 먹기 시작했다. 반쯤 먹었는데 문득 이런 생각이 들었다.

'내가 허락도 없이 다른 사람의 사과를 먹어도 될까? 주인이 보기라도 한다면 사과 값을 달라고 하겠지?'

그렇게 생각하고 있는데 낯선 남자가 사비트에게 다가왔다.

"왜 내 사과를 먹었소? 허락도 없이 남의 것을 가져갔으니 당신은 저세상으로 가면 지옥에 떨어질 거요."

"사과 값을 주겠소."

"당신이 설사 준다 해도 내가 원하는 가격은 아닐 것이오. 내게는 내가 정해 놓은 가격이 있소. 그러니 사과 값은 필요 없소. 그나저나 내 말을 들어 보시오. 나는 딸아이의 남편감을 찾고 있는데 그 아이는 정말 형편없소. 불구나 마찬가지요. 손발이 없고 장님에다 벙어리요. 하지만 그녀와 결혼을 하면 사과의 반을 먹고 지옥에 떨어진 죄를 용서받을 것이오."

"좋소. 그렇다면 나도 지은 죄가 있으니 내 죄를 용서받기 위해서 당신의 딸과 결혼하겠소."

낯선 남자는 사비트를 자신의 집으로 데리고 갔고 사비트는 아내 될 아가씨를 무척 초조하게 기다렸다. 드디어 아가씨가 나타났다. 그런데 이게 웬일인가! 아가씨는 손발이 정상이었고 모든 것이 정상이었다. 사비트가 말했다.

"무슨 실수가 있나 보군요. 내 아내는 손발이 없고 장님에다 벙어리여야 합니다."

"제게 그런 딸은 없소. 이 아이 하나뿐이오."

사비트는 심히 화를 냈다.

"지금 나를 놀리는 거요? 아내 될 사람의 아버지가 거짓말쟁이군요. 나는 이 결혼을 하지 않겠소."

"미안하게 됐소. 나는 당신이 어떤 사람인지 시험해 보고 싶었소. 내 말은 절대 거짓이 아니오. 내 딸은 아직 낯선 사람을 만져 본 적이 없으니 손이 없는 것이나 마찬가지요. 아직 여기저기 돌아다녀 본 적이 없으니 발이 없는 것이나 마찬가지 아니겠소. 또 아직 청년들을 곁눈으로라도 본 적이 없으니 장님이나 다름없소. 또 이 아이는 다른 사람들과 쓸데없는 수다를 한 적이 없고 항상 벙어리처럼 입을 닫고 있으니 누군가에게는 벙어리처럼 보일 것이오."

아버지의 이 말이 끝난 뒤 사비트도 마음이 풀어졌고 둘은 행복한 결혼식을 올렸다. 얼마 뒤 아들을 낳았고 여섯 살이 되던 해 아들은 학교에 들어갔다. 당시에는 회교승이 아이들을 가르쳤다. 어느 날 학교에 간 아이들은 회교승이 울고 있는 광경을 목격했다.

"왜 우세요?"

"너희가 상관할 바가 아니란다! 각자 할 일을 하도록 해라."

하지만 아이들은 한 치도 물러서지 않고 묻고 또 물었다. 결국 회교승은 자신이 우는 이유를 설명했다.

"우리의 페르시아 왕이 왕비와 싸웠단다. 그런데 왕비가 왕에게, 너는 사탄이니 지옥에나 떨어지라고 했단다. 그러자 왕은 심히 노여워하면서 더 이상 내 아내가 아니니 이곳을 떠나라고 했다는구나. 곧 왕은 자기가 한 말을 후회하면서 왕비를 옆에 붙잡아 두고 싶어 했지만, 왕비를 설득할 방법을 찾지 못해서 나라 안에 있는 회교승을 다 불러서 물었단다. 하지만 우리도 마땅한 방법이 생각나지 않았어. 왕이 우리에게 시간을 사흘 줬단다. 방법을 찾지 못하면 우리 목을 벤다고 했어. 어떻게 하면 좋을지 도저히 생각이 나지 않는구나. 나는 결국 죽게 될 거야."

아들이 말했다.

"저를 왕에게 데리고 가세요. 제가 대답을 할게요."

왕이 다시 회교승들을 소집했다.

“대답을 찾았느냐?”

“대답 대신 한 소년을 데리고 왔습니다. 이 소년이 대답을 할 겁니다.”

왕은 소년을 들여보내라고 했다. 왕이 소년에게 말했다.

“너는 내 조건을 알고 있느냐? 대답을 하지 못하면 너도 목이 날아갈 것이다.”

“알고 있습니다. 임금님이 왕좌에서 내려오면 제가 왕좌에 올라가서 대답을 하겠습니다.”

왕이 왕좌에서 내려오고 여섯 살배기 소년이 왕좌에 앉아서 왕에게 물었다.

“앞으로 아내에게 지난번처럼 그렇게 행동하지 않을 것이라고 맹세합니까?”

“맹세합니다.”

“맹세한다면 왕비는 절대 임금님과 헤어지지 않을 것이니 걱정은 그만하십시오.”

모두 아이의 지혜로움에 감탄을 금하지 못했다. 왕은 기쁨에 겨워 온 나라에 잔치를 열었고 그 자리에서 아이에게 아크잠이라는 이름을 선물했다.

왕을 탄복시킨 아가씨

어느 날 왕이 정원에서 신하와 이야기를 나누고 있었다. 이때 거위들이 그 위를 날아가면서 꽥꽥거렸다.

"이보시오, 신하! 당신은 많은 책을 읽었잖소? 그러니 거위가 무슨 말을 하는지도 알지요? 내게 거위가 한 말을 들려주시오."

"임금님, 거위가 말하길, 여행을 할 때는 자신보다 길동무가 더 훌륭한 사람이어야 한다고 하네요. 나쁜 친구를 멀리하시고 좋은 친구를 가까이 두십시오."

임금은 신하의 말이 만족스럽지가 않았다.

"글쎄… 거위가 한 말은 그게 아닌 것 같소. 당신이 한 말을 거위의 소리와 비교해 보니 전혀 맞지 않소. 거위가 하는 말을 다시 주의 깊게 들어 보시오."

또 거위들이 지나가고 있었지만 거위의 말을 알아들을 수가 없었다. 신하는 정신없이 거위의 뒤를 쫓아 달려갔다. 얼마나 달렸을까! 드디어 한 마을에 이르렀다. 아름다운 아가씨가 멜대에 물통을 메고 샘터에 도착했다. 골목에서 나오다가 신하가 달리는 광경을 본 아가씨가 물었다.

"어디로 그리 바삐 달려가십니까? 불이라도 났습니까?"

신하는 가슴을 움켜잡고 숨을 크게 내쉬면서 말했다.

"아하! 얼마 전에 저곳으로 거위가 소리를 지르면서 날아갔소. 왕이 거위가 무슨 말을 하는지 물었는데 나는 믿을 만한 대답을 못 했소. 거위의 말을 더 주의 깊게 듣기 위해 그 뒤를 쫓아가는 것이오."

아가씨는 얼굴 가득 미소를 지었다.

"당신은 날아가는 거위를 쫓아갈 수 없어요. 거위를 쫓으려다 얼마 못 가 금방 죽고 말 겁니다. 내가 샘터에서 물을 긷고 있을 때 거위들이 꽥꽥거리면서 내 위를 지나갔는데 나는 그들의 말을 아주 잘 이해했어요. 그들은 계속 '여자들은 남자들을 파멸시키기도 하고 출세를 시키기도 한다'는 말을 되풀이했어요."

신하가 왕에게 돌아와 아가씨에게 들은 말을 전해 주었지만 왕은 믿지 않았다.

"당신은 두 가지 거짓말을 동시에 하고 있소. 첫째, 거위를 쫓아가지 않았으면서 거위를 쫓아간 듯 거짓말을 하고 있소. 둘째, 거위들이 한 말이 아닌데 거위들이 한 것처럼 둘러대고 있소. 누가 이 말을 당신에게 해 줬는지 바른대로 고하시오. 그렇지 않으면 당장 파면할 것이오."

신하는 어쩔 수 없이, 어떤 마을에 갔는데 샘터에서 물을 길어 오던 아름다운 아가씨가 들려주었다고 사실대로 말했다. 왕은 즉시 신하에게 이 아가씨를 데려오라고 명령했다. 다시 마을로 간 신하는 샘터로 이어지는 골목 맞은편 집으로 들어가서 주위를 둘러보았다. 마침 그곳에서 그 아가씨가 머리를 빗고 있었다. 신하를 알아본 아가씨는 깍듯하게 신하를 맞이한 뒤 귀한 손님이 앉는 곳에 앉히고 서둘러 차를 끓여서 내놓았다. 신하가 이야기를 시작했다.

"네가 들려준 이야기를 왕에게 전했더니 왕이 너를 만나고 싶다는구나. 너를 데리러 왔다. 왕에게 가자!"

아가씨가 웃으면서 대답했다.

"그러죠. 왕 앞이라도 전혀 두렵지 않아요."

신하는 아가씨를 데리고 궁궐로 갔고 왕은 아가씨에게 이것저것 캐묻기 시작했다.

"그래! 거위가 말하는 것을 들었다고? 그들이 뭐라고 하던?"

"분명히 들었습니다. 여자들은 남자들을 파멸시키기도 하고 출세를 시키기도 한다고 했습니다."

"이를 증명할 수 있느냐?"

"어느 늙은 왕에게 젊은 왕비가 있었습니다. 왕비는 늙은 왕을 전혀 사랑하지 않았습니다. 왕에게 젊고 잘생긴 하인이 있었습니다. 젊은 왕비는 이 하인을 열정적으로 사랑하게 되었고 그를 자기 처소로 불러들일 생각에 빠져 있었습니다. 하인은 두려움에 바들바들 떨면서 왕비가 불러도 절대 가지 않았습니다. 그런데 왕이 궁궐을 비운 어느 날, 왕비는 하녀를 보내 마치 특별한 일이 있다는 듯 하인을 방으로 불렀습니다. 하인이 왕비의 방에 들어오기 무섭게 왕비는 하인을 껴안고 키스를 했습니다. 소스라치게 놀란 하인은 왕비를 떨쳐 내려 했지만 왕비는 전혀 떨어지려 하지 않았습니다. 하인은 왕비를 세게 뿌리치면서 방을 뛰쳐나갔고 왕비는 그의 뒤를 따라갔습니다. 바로 그때 왕이 돌아왔습니다. 왕은 무슨 일로 그렇게 허둥거리고 어디로 가느냐고 왕비에게 물었습니다. 그러자 왕비는 왕이 없는 틈을 타서 하인이 자기 방에 들어와 도둑질을 하고 자신을 덮치려 했으니 당장 처형하라고 했습니다. 왕비의 말을 철석같이 믿은 왕은 앞뒤 따질 생각도 하지 않고 하인을 처형하라고 명령했습니다. 하인이 처형되자 왕비는 나날이 우울해졌고 그 증상이 심해지면서 드디어 숨이 막혀 왔습니다. 마침내 왕비에게 죽음의 시간이 다가왔습니다. 왕은 왕비를 무척 사랑했습니다. 그래서 왕비가 죽는 것을 차마 볼 수 없어서 자신도 독약을 먹고 생을 마감했습니다. 임금님! 바로 이렇게 여인이 두 남자를 파멸시켰습니다."

"좋다! 이건 분명하다. 여인이 남자를 출세시킨다는 근거가 있느냐?"

"있습니다. 정말 가난하지만 악의 없고 순수한 청년이 있었습니다. 남자는 중매쟁이를 아주 많은 집에 보냈지만 딸을 가진 사람은 너 나 할 것 없이 모두 중매쟁이와 이야기를 하려 하지 않았습니다. 심지어 중매쟁이를 집에 들이지도 않았습니다. 동물 한 마리도 키울 능력이 없는 남자가 무슨 결혼이냐며 당치도 않으니 얘기도 꺼내지 말라고 역정을 냈습니다. 청년을 본 사람들은 모두 청년을 비웃기만 했습니다. 어느 날 중매쟁이가 어떤 집에 들어가자 부모가 말했습니다.

'이미 1년 전부터 이 가난한 청년을 위해 청혼을 하러 다닌다는 걸 들었소. 그리고 누구도 딸을 주지 않는다는 사실도 들었소. 우리도 그런 가난뱅이에게 딸을 줄 수 없소.'

바로 그때 아가씨가 부모님에게 말했습니다.

'아마 이 청년이 제 운명 같아요. 걱정하지 마세요. 이 청년에게 시집을 가겠어요.'

부모님은 반대하지 않고 딸을 세상에서 제일 가난한 청년에게 주었습니다. 젊은 부부는 행복한 삶을 시작했습니다. 부인은 공예품을 아주 잘 만들었습니다. 부잣집에서 일감을 받아 와 쉬지 않고 바느질을 했습니다. 그러고는 자기 돈으로 물건을 사서 남편에게 장사를 가르쳤습니다. 이렇게 해서 세상에서 가장 가난한 청년은 세상에서 가장 운이 좋은 상인이 되었습니다. 모두 그를 존경하기 시작했습니다. 그의 성공을 말할 때면 사람들은 으레 지혜롭고 현명한 여자와 결혼을 했고 아내가 남편을 성공시켰다는 말을 덧붙입니다."

왕은 아가씨의 지혜에 탄복했고 미래의 왕이 될 자기 아들과 결혼시켰다.

하탐타이

옛날 하탐타이라는 왕이 나라를 다스리고 있었다. 어느 날 신하와 둘이 앉아 있다가 불현듯 자만에 차서 떠들어 댔다.

“이 세상에 나보다 더 자비로운 사람은 없을 것이오!”

“전하의 자비로움은 끝이 없습니다. 하지만 전하보다 더 자비로운 사람이 있습니다. 여기서 두 달 정도 가면 어떤 황후가 살고 있는데 정말 자비롭습니다.”

왕은 인상을 찌푸리면서 애매모호하게 웅얼거렸다.

“네 말이 확실하다면 너를 최고대신으로 임명하겠다. 만일 거짓이라면 네 목을 자르겠다.”

하탐타이는 남루한 옷으로 바꿔 입은 뒤 말을 타고 황후의 나라로 갔다. 궁궐에 들어가서 구걸을 했더니 황후가 금화를 주었다. 하탐타이뿐 아니라 다른 거지들에게도 금화를 주었다. 하탐타이는 몇 시간 뒤 궁궐에 들어가서 또 구걸을 했다.

황후가 말했다.

“나는 네게 얼마든지 금화를 줄 수 있지만 너는 여느 거지들과는 조금 달라 보이는구나. 대체 어쩌다 구걸을 하게 되었느냐?"

하탐타이가 솔직하게 말했다.

"나는 당신을 시험하러 왔소. 나도 왕인데 백성들로부터 자비롭다고 칭송을 받고 있소. 하지만 구걸하는 사람들에게 금화를 줄 만한 재산은 없소. 그 많은 금화를 어떻게 모았는지 말해 줄 수 있소?"

황후가 조건을 제시했다.

"여기서 두 달 정도 가면 제화공이 살고 있소. 송곳으로 한 번 찌르면 허허하고 웃는데 또 찌르면 눈물을 흘립니다. 이유를 알아내면 당신의 질문에 답을 하지요."

하탐타이는 다시 두 달 정도 달려가서 제화공을 찾아냈다. 그는 정말로 송곳으로 한 번 찌르자 크게 웃더니 또 찌르자 구슬프게 울기 시작했다. 왕은 그 이유를 알아내려고 애를 썼다. 제화공이 말했다.

"여기서 두 달 정도 가면 무에진[6]이 살고 있습니다. 그는 웃옷을 물에 적신 뒤 회교 사원의 첨탑 위로 기어 올라갑니다. 기도 시간이 되었다는 것을 알리기 위해서입니다. 거기서 웃옷이 마르면 다시 한달음에 아래로 뛰어 내려와서 옷을 물에 적신 뒤 또 첨탑 위로 올라가서 소리를 지릅니다. 그

---

6) 회교 사원의 첨탑에서 기도 시간을 알려 주는 사람.

가 왜 그러는지 알아 오세요. 그러면 제 비밀을 말해 드리지요."

왕은 무예진에게 가서 물었다.

"당신은 왜 그럽니까?"

"여기서 두 달 정도 가면 한 상인이 살고 있는데 날마다 저녁 9시까지 달걀만 한 다이아몬드를 절구에 빻아 가루로 만든 뒤 바람에 날려 보냅니다. 왜 그러는지 알아 오면 제 비밀을 말해 주지요."

상인을 찾아간 하탐타이가 매우 큰 관심을 보이면서 물었다.

"왜 값비싼 다이아몬드를 바람에 날려 보냅니까?"

"여기서 두 달 정도 가면 사막이 있는데 어떤 사람이 벌거벗은 채로 달리고 있습니다. 그러다 멀리서 사람이 보이면 얼른 다른 곳으로 달아난답니다. 그가 그러는 이유를 알아내면 제 이야기를 들을 수 있을 거예요."

하탐타이는 두 달 정도 달려서 사막에 다다랐다. 아닌 게 아니라 한 남자가 완전히 벌거벗고 있다가 하탐타이를 보자 달아났다. 하탐타이는 간신히 그를 따라잡아서 멈추어 세웠다.

"이거 보시오, 왜 홀로 외로이 벌거벗은 채 사막을 뛰어다니시오?"

“저는 이웃 마을에 있는 최고의 회교 학교에서 공부했습니다. 어느 날, 집으로 돌아오는 길에 마을에서 조금 떨어진 곳에서 하룻밤 묵게 되었습니다. 대단히 크고 호화로운 집이었는데 노인 한 분만 살고 있었지요. 노인에게 잠자리를 청했더니 선뜻 들어오라고 했습니다. 아침에 식사를 끝낸 뒤 노인은 지금 자기가 어디에 다녀와야 하니 돌아올 때까지 기다리고 있으라 했습니다. 하지만 문은 절대 열어 보지 말라고 했습니다. 집에 혼자 있자니 무료했습니다. 첫째 문을 열었더니 그곳에 꽃보다 아름다운 아가씨가 앉아 있었습니다. 아가씨에게 갔습니다. 아가씨와 저는 첫눈에 사랑에 빠졌습니다. 멀지 않은 곳에 호수가 있었습니다. 우리는 호수로 산책하러 갔습니다. 아가씨가 제발 물속에는 들어가지 말라고 했습니다. 저는 생각했습니다.

‘노인이 내게 절대 문을 열지 말라고 했어. 그런데 문을 열었더니 이렇게 예쁜 아가씨가 앉아 있었어. 이번에도 아가씨의 말을 듣지 않고 물속에 들어간다면 더 아름다운 무언가를 발견하게 될지도 몰라.’ 펄쩍 물속으로 뛰어 들어갔는데… 정신을 차리고 보니 사막이더군요…. 돌아갈 방법이 없어서 여기에 이렇게 있는 겁니다. 옷은 오래전에 닳아 없어져서 벌거벗은 채 다닙니다.”

하탐타이는 이 사람이 너무 가여웠다.

"그런데 왜 사람들을 피하는 거죠?"

"저는 아가씨가 너무 보고 싶답니다. 사람과 마주치면 아가씨가 더 보고 싶어져서 아예 사람을 피한답니다."

하탐타이는 한숨을 깊이 내쉬면서 왔던 길로 되돌아서 다시 상인에게 향했다. 저녁 9시가 되어 상인의 가게로 갔다. 상인은 오늘도 어김없이 계란만 한 다이아몬드를 절구에 넣고 빻아서 가루로 만든 뒤 바람에 날리고 있었다. 하탐타이가 상인에게 사막의 청년 이야기를 들려주면서 물었다.

"이제는 당신이 말할 차례요. 바람에 보석을 날리는 이유가 뭐죠?"

상인이 웃으면서 이야기를 들려주었다.

"그러지 않으면 아무것도 할 수가 없답니다. 저는 외아들이었지요. 세상에 못된 짓이란 못된 짓은 모두 했답니다. 저는 늘 돈을 많이 가지고 다녔지요. 아버지 말은 귓등으로도 듣지 않고 허구한 날 술을 마시면서 흥청거리고 놀았답니다. 큰돈 덕택에 주위에는 친구들이 북적댔지요. 부모님도 제게 아무런 기대도 하지 않았답니다. 그런데 어느 날 갑자기 어머니가 돌아가셨어요. 그 후 예기치 않게 아버지도 돌아가시게 되었답니다. 세상을 떠나기에 앞서 아버지가 제게 말했습니다.

'아이고, 아들아! 내가 너 때문에 맘 편히 죽을 수가 없구

나. 네가 가진 돈은 금방 떨어질 것이다. 돈이 없으면 친구들도 더 이상 너를 가까이하지 않을 것이다. 그들은 모두 너를 무시하고 경멸할 것이며 결국은 너를 버릴 것이다. 너는 그들 때문에 수치심을 느낄 것이고 그것을 견디지 못하고 스스로 목숨을 끊으려 할 것이다.'

저는 대답 대신 픽픽 웃음만 흘렸답니다. 푸푸! 정말 친구들이 저를 버릴까요? 그럴 리가 없어요. 아버지가 제 생각을 눈치챈 듯 말을 이었습니다.

'너는 내 말을 믿지 않을 것이다. 버린대도 그러는구나. 모두 네게 등을 돌릴 게다. 수치심으로 너는 자살을 생각할 것이다. 내 유언을 기억해라. 목을 매달고 싶거든 벽장 고리에 줄을 끼우도록 해라.'

얼마 후 아버지가 돌아가셨지요. 제게는 친구들이 정말 많았습니다. 쉰 명은 족히 되었습니다. 여하튼 그보다 적지는 않았습니다. 부모님이 돌아가셨지만 전혀 아랑곳 않고 예전처럼 친구들, 아가씨들과 어울리면서 자유를 만끽했지요. 얼마 뒤 제가 가지고 있던 돈이 바닥났습니다. 저는 친구들의 씀씀이를 따라갈 수 있는 형편이 아니었습니다. 그러자 그들은 저를 모닥불 옆에 세워 둔 채 자기들끼리 칠면조 고기를 구워 먹었고, 자기들끼리 아가씨들과 즐기러 갔습니다. 저는 기가 차기도 하고 슬프기도 해서 이런저런 생각에 잠겨 있었습니다. 그런데 그때 큰 새 한 마리가 칠면조 고기 한쪽을 낚아채서 날아갔는데 저는 그 사실을 알아채지 못했습니다. 식사를 하러 돌아온 친구들이 칠면조 고기가 모자란다고 하더군요. 그러더니 저와 가장 친한 친구가 제일 심하게 화를 내면서 제 뺨을 때렸습니다. 그것도 모자라서 음식을 지키라고 했더니 도대체 어디를 보고 있었냐고 경멸하듯이 소리쳤습니다.

모욕과 창피함으로 저는 죽기로 마음먹었습니다. 옆에 있는 계곡에 빠지려다 아버지의 유언이 생각났습니다. 생전에 아버지의 말을 한마디도 듣지 않았으니 죽기 전에 단 한 번이라도 아버지의 유언을 실천하기로 마음먹었습니다. 집으로 돌아왔습니다. 벽장 고리에 줄을 끼운 뒤 올가미를 목에 걸고는 내 슬픈 삶과 작별을 고했습니다. 바로 그때 급격히 가해진 힘 때문에 고리가 떨어졌고 동시에 벽장이 갈라지면서 무언가 우르르 쾅쾅 쿵쿵 소리를 내면서 바닥으로 쏟아졌습니다. 가만히 보니 아버지가 숨겨 둔 금과 다이아몬드였습니다. 그 사이에 아버지가 쓴 메모가 있었습니다.

'아들아, 보거라, 내가 옳지 않았느냐. 친구들과 어떻게 되었느냐? 이제부터는 지혜롭게 살게 될 거다. 신의가 없는 친구들에게 복수를 해라. 이 금과 다이아몬드로 무역상을 차려라. 그리고 매일 밤 다이아몬드를 가루로 만든 뒤 모두

가 보도록 바람에 날려 보내라. 그 모습을 보면 너를 배신한 친구들은 누렇게 뜰 것이고 질투로 말라 갈 것이다.'

제가 이렇게 하는 것도 오늘로 마지막입니다. 왜냐하면 옛 친구들 중 지금 살아 있는 친구가 거의 없기 때문입니다. 모두 질투로 바짝 마르더니 결국 하나둘 죽더군요."

하탐타이는 길을 재촉해 회교 사원의 첨탑 위에서 기도 시간을 알려 주는 사람에게 갔다. 그에게 상인의 이야기를 들려주면서 그의 비밀을 털어놓으라고 했다.

그 사람이 이야기를 시작했다.

"저는 회교 학교에서 공부하고 있었는데 학교의 무예진을 놀리는 게 취미였지요. 매일 새벽 그보다 먼저 회교 사원에 가서 큰 소리로 고함을 쳐서 기도 시간을 알려 주었답니다. 어느 날 평소보다 좀 이른 새벽녘에 사원으로 달려갔습니다. 그런데 갑자기 폭우가 쏟아지는 바람에 옷이 순식간에 젖어 버렸어요. 사원의 첨탑 위에 올라갔는데 제 옷에서 물이 강처럼 쏟아지더군요. 그때 갑자기 큰 새 한 마리가 날아왔어요. 저를 잡아챈 뒤 어디론가 데려가더니 들판의 공동묘지 한가운데 내동댕이쳤어요.

이때 세 사람이 무거운 짐짝을 날라 왔어요. 어두워서 제가 있는 것을 알아채지 못한 채 어느 무덤에 짐짝을 파묻기 시작했어요. 저는 담장 옆에 숨죽이고 누워 있었지요. 해가 떠올랐고 무덤으로 많은 사람들이 달려오더니 제 손과 발을 묶어 어디론가 데리고 갔답니다. 저는 그들의 말을 알아들을 수가 없었어요. 저는 다른 나라로 가게 된 거죠. 통역을 데리고 와서 제게 말했어요. 전날 저녁 공주님이 없어졌는데 제가 공주님을 훔쳐 간 범인으로 의심된다고 말이에요.

저는 그에게 저에 대해 솔직하게 이야기를 했답니다. 그리고 무덤에 무언가를 파묻고 간 사람들 이야기도 했어요. 무덤을 파헤치니 거기에 아프가니스탄 공주가 있는 게 아니겠어요! 그녀는 다행히 죽지 않고 살아 있더군요. 나중에 알게 되었지만 아프카니스탄 왕은 공주를 찾은 사람에게 공주를 시집보내겠다고 약속을 했답니다. 그래서 저는 공주와 결혼해 함께 살기 시작했답니다. 저를 궁궐 밖으로 내보내주지 않았어요. 저는 포로나 다름없었답니다.

어느 날 겨우겨우 궁궐에서 도망쳐 나와 옷을 물에 적시고는 그 새를 기다렸어요. 그 새가 저를 다시 고향으로 데려가 줄 것이라고 기대하면서 말이에요. 어느 날 정말로 새가 나타났어요! 드디어 저는 고향으로 돌아왔답니다. 하지만 지금은 아내인 아프가니스탄 공주가 미치도록 보고 싶어요. 그녀에게 돌아가고 싶답니다. 그래서 매일 제 옷을 젖은 상태로 두려고 물에 담근 뒤 새가 나타나기만 기다립니다. 그런데 새는 아직까지 나타나지 않고 있답니다."

하탐타이는 무예진을 떠나 제화공에게로 갔다. 그에게 불쌍한 무예진 이야기를 들려주자 제화공도 자신의 이야기를 시작했다.

“아내가 있었는데 무척 단정했답니다. 하루에 다섯 번 회교 기도문을 읽었고 금식을 철저하게 지켰답니다. 닭 모이를 주러 나갈 때도 숄을 두르고 장갑을 끼고 갔답니다. 제가 왜 그렇게 하냐고 물으면 고개를 숙이면서 대답했습니다.

‘거기에는 방탕한 수탉이 있습니다. 그놈에게 제 몸을 보여 주고 싶지 않습니다.’

제 아내는 굉장히 교의에 충실했습니다. 언젠가 저는 거리에 나가서 남자들과 농담을 주고받았습니다. 그들은 아내들에 대한 불평불만을 늘어놓았습니다. 내 아내는 이렇고, 내 아내는 저렇다는 둥. 대화에 끼어든 저는 자만에 가득 차서 의기양양하게 아내 자랑을 늘어놓았습니다.

‘물론 그런 아내들도 있겠지만 내 아내는 무척 단정하고 매우 교양이 있다네. 기도문을 하루 다섯 번 읽고 절대 금식을 거르지 않지.’

그러자 그들이 비웃으면서 말했습니다.

‘당신 아내가 어떤 사람인지 알고 싶으면 하룻밤만이라도 자지 말고 지켜보게.’

저는 당황했습니다.

'어떻게 내 아내에 대해 그렇게 음탕한 거짓말을 할 수 있어? 어떻게 그런 허위 중상모략을 할 수 있어?'

집으로 돌아왔습니다. 밤이 되자 어둠이 깔렸습니다. 자려고 누웠다가 그 대화가 기억나서 곰곰이 생각했습니다.

'진짜로 아내를 시험해 봐야겠군.'

눈을 감고 자는 척했습니다. 오랫동안 잠과 싸우면서 그렇게 누워 있었습니다. 그러다가 쓸데없이 나를 괴롭히고 있다는 생각에 그냥 잠을 자려 했습니다. 그런데 그때 갑자기 아내가 일어나더니 내 숨소리를 주의 깊게 듣는 것이었습니다. 그러고는 내가 잠이 들었는지 확인하려고 나를 살짝 건드리더군요. 그 뒤 향기 나는 비누로 몸을 씻고 백단 염료로 만든 기름을 바르고 볼 화장을 하고 가장 좋은 옷을 입고 가장 예쁜 장신구를 착용한 뒤 조용히 거리로 나가는 게 아닙니까! 나는 침대에서 일어나서 몰래 그녀의 뒤를 밟았습니다. 아내가 창문이 하나인 변두리의 집으로 들어가는 것을 보았습니다. 집 옆에 바싹 달라붙어서 안쪽을 들여다보았습니다. 거기에는 도둑들, 강도들을 비롯해 모든 부랑배들이 다 모여 있었습니다. 내 아내를 둘러싸면서 '왜 오늘은 늦게 왔냐'며 욕을 했습니다. 아내가 대답했습니다.

'제 얼간이, 아니 망할 자식이 오늘은 어째서인지 늦게 잠들어서 그렇습니다.'

나는 한참 동안 그들이 음탕하게 마시고 즐기는 모습을 본 뒤 집에 돌아와서 침대에 누웠습니다. 몇 시간 뒤 아내가 돌아왔습니다. 볼 화장과 기름을 지우고 옷을 숨기더군요. 그리고 새벽이 되자 제 옆에 와서 누웠습니다. 나는 아무것도 모르는 척했습니다.

아침에 그녀는 기도를 했고 기도문을 외운 뒤 손에 장갑을 끼고 얼굴에 숄을 둘렀습니다. 그때 내가 아내에게 물었습니다.

'어디 가요?'

'닭 모이 주게요.'

'그런데 꼭 그렇게 장갑을 끼고 숄을 둘러야겠소?'

그녀가 세상에서 제일 온순하고 성스러운 얼굴을 하면서 말했습니다.

'어휴, 저는 마당에 다니는 음탕한 수탉에게 제 몸을 보여 주기가 부끄럽습니다.'

'말은 그렇게 하면서 당신은 왜 매일 밤 음탕한 짓을 하러 다니는 거요?'

아아! 그녀가 얼마나 화가 났는지, 천둥과 번개가 치는 것 같았습니다.

아내가 말했습니다.

'당신은 좋은 사람이기 때문에 목숨만은 살려 주겠소.'

그러고 그대로 밖으로 나간 아내는 이후 완전히 방탕한 길로 들어섰습니다. 그래서 우는 겁니다. 아내가 수탉을 음탕하다면서 장갑을 끼고 솥을 두르던 걸 생각하면 처음에는 웃음이 나옵니다."

제화공이 이야기를 마쳤다. 왕 하탐타이는 그와 작별을 고한 뒤 두 달 동안 길을 갔다. 황후에게 도착해서 제화공의 이야기를 들려주자 황후도 이야기를 시작했다.

"저는 왕의 외동딸이었습니다. 나이 든 샤먼이 자주 아버지를 만나러 왔습니다. 그의 가죽 신발에는 작은 방울이 달려 있었습니다.

'샤먼 할아버지, 왜 신발에 방울을 달아 놓으셨어요? 다른 사람들은 안 그러잖아요.'

내가 관심을 가지고 물어보자 그가 활짝 웃으면서 대답했어요.

'땅에는 온갖 벌레가 아주 많이 기어 다닌단다. 개미, 거미, 그리마, 지네, 그리고 이름도 모르는 아주 작은 벌레들까지. 사람들은 그것들을 짓밟으면서 알게 모르게 마음에 죄를 짓고 있단다. 나는 그런 벌레들을 밟지 않으려고 신발에 방울을 매달아 놓았단다. 방울 소리를 들으면 벌레들이 사방으로 달아나지 않겠니? 나는 벌레들에게조차 이렇게 자비롭단다.'

어느 날 나는 많이 아팠어요. 아버지가 궁궐로 샤먼을 불렀답니다. 그는 귓속말과 주문으로 나를 치료했어요. 그가 떠난 후 아버지의 다이아몬드 구슬이 없어졌어요. 아버지는 궁궐 전체를 샅샅이 뒤지라고 명령했지만 결국 찾지 못했어요. 나는 건강을 회복했고 정원을 산책해도 좋다는 허락을 받았어요. 나는 샤먼의 집에 갔는데 거기에 다이아몬드 구슬이 있는 거예요! 돌아와서 아버지에게 말했어요.

'세상에, 아버지가 잃어버리신 다이아몬드 구슬을 샤먼의 집에서 보았어요.'

아버지는 그의 집을 수색하라고 명령했어요. 수색할 때 샤먼의 술 창고에서 헤아릴 수 없을 정도로 많은 금이 나왔어요. 아버지는 샤먼을 사형에 처한 뒤 그의 재산을 모두 몰수했지요. 밝혀진 바에 따르면 샤먼은 강도들의 두목이었답니다. 백성들의 재산을 훔친 거지요. 아버지가 돌아가신 뒤 제가 이 나라를 다스리게 되었답니다. 저는 지금 샤먼이 백성들에게서 훔친 돈을 돌려주는 것뿐입니다."

하탐타이는 황후와 작별을 고한 뒤 자기 나라로 돌아왔고 신하는 약속대로 하탐타이의 최고대신이 되었다.

노인, 성인 하지르, 그리고 왕

오래전에 아버지와 딸이 살았다. 어느 날 여행을 떠났던 아버지가 우울한 얼굴로 집으로 돌아왔다.

"아버지, 너무 우울해 보여요! 무슨 일이 있어요?"

"얘야! 도중에 왕을 만났는데 성인 하지르7)의 모습을 자신에게 보여 달라는 명령을 내렸단다. 명령을 이행하면 많은 선물을 주겠지만 그러지 못하면 목을 베겠다고 했다. 40일의 기한을 주었다."

"아버지는 40일 동안 하늘에 기도하면서 그냥 계세요. 제가 알아서 할게요."

아버지는 40일 동안 그냥 앉아서 하늘에 기도만 했다. 40일 되는 날 왕이 아버지를 데려오라고 신하를 보냈다.

"이보게, 왕이 자네를 데려오라고 했네."

"알았소. 먼저 가시오. 나도 곧 뒤따라가겠소."

딸이 아버지를 배웅하면서 말했다.

"아버지, 잘 다녀오세요!"

왕에게 가는 도중 아버지는 청년을 만났다.

---

7) 생명수를 마신 뒤 불멸의 생을 얻은 이슬람 신화 속 인물.

"영감님, 어디 가십니까?"

"왕이 나를 불렀네. 왕에게 성인 하지르를 보여 주어야 하네. 하지르를 보여 주면 많은 선물을 주겠지만 그러지 못하면 목을 벤다고 했네."

"그렇다면 영감님, 왕에게 가지 마세요."

"안 되네. 가야 하네. 약속을 지켜야만 하네."

"그렇다면 나를 같이 데리고 가세요."

"알았네, 같이 가세."

둘이 함께 왕궁으로 들어갔다. 왕이 말했다.

"아하! 드디어 왔군! 40일이 지났소. 그런데 당신은 내게 성인 하지르를 보여 주지 못했소."

"황송합니다만 조금만 기다려 주십시오."

아버지는 기도를 하면서 시간을 끌기 시작했고 청년은 한쪽 구석에 서 있었다.

탁자 뒤에는 신하 세 명이 앉아 있었다. 왕이 신하들에게 말했다.

"자, 40일이 지났소. 이 노인을 어떻게 해야겠소?"

신하들이 차례대로 말했다.

"얼굴에 검댕을 칠하고 채찍으로 흠씬 때린 뒤 거리를 끌고 다니면서 죽을 때까지 때리십시오."

"거리를 끌고 다닐 필요도 없습니다. 쓸데없는 데 힘을 쓰지 말고 이 자리에서 조각조각 베어 버리십시오."

"왜 노인을 죽여야 합니까? 노인은 이곳에 오겠다는 약속을 지켰습니다. 풀어 주어야 합니다."

이렇게 신하들이 의견을 말하는 동안 계속 한쪽 구석에서 있던 청년이 말했다.

"이보시오, 황제! 첫째 신하가 이런 제안을 한 것은 자기 엄마가 그렇게 죽었기 때문이오. 사람은 어릴 때의 기억을 영원히 가지고 산다오. 둘째 신하의 아버지는 도축을 하던 사람이었소. 아들에게 아버지의 습관이 그대로 전해진 것이오. 셋째 신하의 아버지는 선량하고 공정한 사람이었소. 그래서 신하는 아주 선량하고 공정하게 말했소."

정체불명의 청년이 이렇게 말하는 동안 모두 정신을 차리고 주위를 둘러보았으나 청년은 이미 사라지고 없었다. 아버지가 왕에게 물었다.

"보았소? 성인 하지르였소."

왕은 경의를 표한 뒤 아버지에게 큰 선물을 주면서 집으로 돌려보냈다. 아버지와 딸은 오랫동안 행복하게 살았다.

왕과 가난한 수도승

옛날 매우 교양 있지만 세상 물정을 모르는 왕이 있었다. 왕비가 죽자 재혼을 하기로 마음먹었다. 누구에게 청혼을 할지 큰 고민이었다. 신하들에게 물었다.

"저 마을의 부자에게 딸이 있다는데… 그 딸과 결혼하고 싶소. 한번 가서 물어보고 오시오."

그곳에 갔다 온 신하가 말했다.

"결혼하지 않겠답니다."

왕은 직접 아내로 적합한 아가씨를 찾아보았지만 마땅치가 않았다. 어느 날 왕은 어떤 마을에 영리하고 매우 아름다운 과부가 있다는 소문을 듣고 신하들에게 물었다.

"내가 직접 그 마을에 가서 청혼을 하는 것은 어떻겠소?"

"그게 좋겠습니다."

왕은 심복 한 명을 왕궁에 남겨 두고 평민들이 입는 수수한 옷으로 바꿔 입은 뒤 과부가 사는 마을로 떠났다. 그런데 살면서 한 번도 본 적 없는 아주 놀라운 일이 주변에서 벌어지고 있었다. 사람들이 밭을 갈고 씨를 뿌리며 수확을 하는 것이 아닌가! 왕은 근처를 지나가면서 주위를 둘러보았다. 농부가 건초 더미를 쌓아 놓고 불을 질렀다. 대체 이게 무슨 일인가? 알 수가 없었다.

왕은 고개를 갸우뚱거리면서 계속 길을 갔다. 어떤 마을에 이르니 사람들이 떼 지어 모여 있었고 그 위에는 한 남자가 보통 사람은 도저히 올라갈 수 없는 아주 높은 곳에 올라가 있었다. 사람들은 남자가 들을 수 있도록 있는 힘껏 소리를 쳤지만 남자는 대답은 하지 않은 채 손만 흔들 뿐이었다. 사람들은 그의 행동을 이해하지 못했고 그도 사람들을 이해하지 못하는 것이 분명해 보였다. 도대체 왜 저런 짓을 할까? 이 또한 알 수가 없었다.

왕은 고개를 갸우뚱거리면서 계속 길을 가던 중 길 가운데 큰 바위가 놓여 있는 것을 보았다. 어떤 남자가 바위를 들려고 갖은 애를 다 썼지만 헛수고였다. 그러자 남자는 이 바위 위에 다른 바위를 얹고 그 위에 또 다른 바위를 얹는 일을 계속했다. 어느덧 바위가 가슴팍까지 닿았다. 그 순간 남자는 큰 힘 들이지 않고 아주 쉽게 손으로 바위를 들어 올릴 수 있었다. 왕은 너무 놀랐지만 남자의 행동을 도무지 이해할 수가 없었다. 무슨 일일까?

계속 길을 가던 왕은 강가에서 가지가 울창하게 뻗은 전나무를 발견했다. 왕은 그 밑에서 잠시 쉬면서 차를 마시며 여독을 풀기로 결정했다. 나무 밑에는 남루한 수도승이 앉아 있었다. 왕은 수도승에게 아주 정중하게 인사했다.

"안녕하세요!"

수도승도 몸을 돌려 인사를 하면서 반갑다는 표시로 양손을 뻗었다.

"안녕하세요. 옆에 와서 앉으시오."

"지금 강물을 길어 와서 차를 끓여 마실 생각이오."

"그럴 필요 없소. 차를 아주 많이 끓여 놨소. 둘이 마시기에 충분할 것이오. 그러니 그냥 옆에 앉으시오."

"좋소."

두 사람은 소박한 찻잔을 앞에 놓고 이야기를 나누었다.

"우리 나라에 아주 놀랄 만한 일이 적지 않게 벌어지고 있습니다. 가끔은 무척 합리적이고 지혜로운 일도 벌어지지요. 이보시오, 오는 도중 본 일을 말해 보시오."

"사람들이 밭을 갈고 씨를 뿌리고 수확을 하고 있더군요. 사람들이 건초 더미에 불을 붙여 태우고 있었는데 자세히 보지는 못했습니다. 뭔가 특별한 의미가 있겠지요. 하지만 이것이 무엇인지 잘 모르겠소."

"이보시오, 당신은 차림은 수수하지만 평범한 사람은 아닌 듯하오. 매우 관찰력이 뛰어나고 생각이 깊소. 당신이 말한 것에 답이 있소. 사람들이 당신 앞에서는 아첨을 하지만 돌아서면 모두 딴 생각을 합니다. 당신은 그런 자들의 행동을 모두 태워 버려야 하오. 즉 그런 것에서 즉시 벗어나야 하오."

왕은 수도승의 이 말에 진심으로 동의했다. 왕도 전에 측근들의 행동에서 그런 면을 발견했기 때문이다. 왕이 말을 계속했다.

"이런 일도 있었소. 사람들이 많이 모여 있는데 그 위에 어떤 남자가 허공중에 올라가 있었소. 모두 소리를 쳤는데 알아듣지 못하는 것 같았소. 사람들도 그 남자가 아래로 내려오려는 것인지 아니면 다른 어떤 행동을 하려고 하는 것인지 이해하지 못하는 것 같았소."

"백성들이 왕에게 소리를 치지만 왕은 듣지 못하고 있소. 당신에게도 사람들이 그렇게 소리치게 될 것이오."

이번에 왕은 수도승에게 돌을 들어 올리던 사람 이야기를 들려주었다.

"살면서 거짓말한 적도, 도둑질을 한 적도 없는 사람일 겁니다. 자신뿐 아니라 부모와 형제자매를 생각하면서 분노를 억누르려고 한 행동일 겁니다. 거짓말하고 죄를 지을 때 처음에는 첫 돌을 들어 올리듯 힘듭니다. 하지만 그 사람은 돌을 계속 쌓아서 가슴까지 이르게 만들었습니다. 거짓말하고 죄를 지을 때 처음에는 아주 어렵지만 두 번째부터는 쉽다는 의미입니다. 하지만 결국 그에게는 아무것도 남지 않게 되겠지요. 당신의 가장 중요한 목표는 무엇입니까?"

"저는 이 마을에 아주 영리하고 아름다운 과부가 있다는 말을 듣고 그녀에게 청혼하러 왔습니다."

"그만두십시오. 쓸데없는 일이니 도로 돌아가시오. 이 여인은 무수히 많은 남자들의 품을 거쳤지만 누구와도 함께 살지 못했습니다. 제 친척이기 때문에 이 여인을 잘 압니다. 당신이 사는 마을에서 아내를 찾는 것은 불가능합니까? 아니면 당신의 마을에는 훌륭한 여인이 아예 없는 겁니까?"

"물론 있지요. 많은 여인들에게 청혼을 했지만 모두 거절당했습니다. 누구도 저와 결혼을 하려 하지 않습니다."

"이보시오, 당신은 무언가 잘못 알고 있습니다. 당신의 중매쟁이들은 당신을 위해 청혼을 하지 않았습니다. 그들은 당신이 마음에 둔 여인들을 자기 아내로 맞이했습니다."

수도승의 말을 가슴에 새기고 궁궐로 돌아온 왕이 알아보았더니 수도승의 말은 정말로 틀림이 없었다. 아닌 게 아니라 왕의 혼담을 가지고 간 신하들은 그 아가씨들을 자기 아내로 맞이한 뒤 왕에게 돌아와서는 청혼이 거절당했다고 했다. 하지만 왕은 아가씨들이 청혼을 거절한 이유에 대해 신하들에게 물을 생각조차 하지 않았다. 신하들을 철석같이 믿었기 때문이다.

왕은 청혼을 하러 갔던 신하들을 차례대로 불러 물었다. 죄를 인정하는 자와 인정하지 않는 자를 가려내기로 했다.

왕을 배신한 신하들에 대한 재판이 진행되었다. 그런데 그 사이 나라는 완전히 엉망이 되어 있었다.

왕은 나라를 정비하는 일이 급선무라고 생각했다. 나라가 안정을 되찾자 왕은 가장 신뢰하는 신하를 제일 먼저 청혼했던 아가씨에게 보내 결혼 승낙을 받아 냈다. 결혼식 날 늘 그러듯이 말달리기 대회, 무사들의 힘겨루기 대회가 있었으며 가수들이 노래를 불렀고 무용수들이 춤을 추었다. 통마다 마유주와 밀주가 가득 담겨 있었다. 이렇게 일주일 동안 결혼식 피로연이 진행되었다.

목동이 된 왕

오래전에 갈리라는 왕이 있었다. 탐욕에 사로잡힌 왕은 온갖 방법으로 세금을 거둬들여 백성들을 괴롭혔다. 백성들은 모두 모여 의논한 뒤 대표를 보내 자기들의 고통을 왕에게 알리기로 했다. 백성들의 원성을 들은 왕은 하품만 할 뿐 들은 척도 하지 않았다. 아무런 결과도 없이 마을로 돌아온 대표는 마을 곳곳에 방을 붙였다.

'내일 12시에 왕을 교수형에 처할 것이다.'

이런 사실을 전혀 모르는 왕은 하릴없이 궁전에 앉아 있었다. 왕에게는 아주 가까운 신하가 한 명 있었다. 신하가 황급히 왕에게 가서 물었다.

"전하, 무슨 소식 들은 것 없습니까?"

"아니, 아무 소리도 못 들었는데. 무슨 일 있나?"

"내일 12시에 전하를 교수형에 처할 거라고 합니다."

왕은 거리로 나가서 곳곳에 붙어 있는 방을 보았다. 왕은 공포로 몸을 떨면서 생각에 잠겼다.

'어떻게 하지? 어디로 숨어야 하지? 도망치는 게 유일한 방법인 것 같은데….'

드디어 칠흑같이 어두운 밤이 되었다. 왕은 음식도, 돈도

챙기지 않고 오로지 사랑하는 딸 살리마만 데리고 멀리 달아났다. 왕과 공주는 밤낮없이 걷고 또 걸었다. 여러 마을을 지나가면서 구걸하기도 했다. 어쩌겠는가? 구차하더라도 목숨을 연명해야지…. 어제는 왕좌에서 떵떵거리던 운명이 오늘은 구걸하는 운명으로 바뀌다니! 도대체 지금 이 순간 왕이 무엇을 할 수 있겠는가!

왕과 공주는 무척 오랫동안 걸어서 한밤중에 어느 마을에 도착했다. 사람들의 눈에 띄지 않는 으슥한 곳에서 아무렇게나 웅크리고 잔 뒤 아침에 일어나서 시장으로 갔다. 상인들이 물건을 늘어놓고 팔고 있었다. 왕은 몰래 물건을 훔쳐서 음식과 바꾸려고 했지만 도저히 불가능했다. 다음에는 옷감 파는 상점에 들어갔다. 구석에 기름통이 있어 훔치려다 들키는 바람에 흠씬 두들겨 맞았다.

왕을 가엾게 여긴 한 노파가 몇 푼 쥐여 주면서 끼니를 해결하라고 했다. 왕은 서글퍼졌다.

'이렇게 구걸을 해야만 먹고 살 수가 있다니….'

도저히 탈출구가 없었다. 왕은 일을 하러 갔지만 할 줄 아는 것이 아무것도 없었다. 하다못해 도둑질도 못 해서 허구한 날 두들겨 맞기만 했다.

그렇게 왕과 공주는 걷고 또 걸어서 듣도 보도 못한 곳까지 가게 되었다. 마을 맨 끝에 있는 집에 들어가서 하룻밤 재워 달라고 애걸했다. 이 집에는 노인 부부가 살고 있었다. 부부가 왕에게 말했다.

"그렇게 구걸하면서 다니는 것보다 우리 주인에게 가서 양치기를 하게 해 달라고 청하는 게 낫지 않겠소? 그러면 배는 고프지 않을 거고 옷은 입고 다닐 수 있을 거요."

아침에 노인 부부는 왕과 공주에게 주인에게 가는 길을 알려 주었다. 왕과 공주는 주인에게 갔다. 주인에게는 양 백 마리와 소 쉰 마리가 있었는데 이것들을 돌볼 사람이 필요해 보였다. 왕과 공주가 이 가축들을 돌보게 되었다.

시간이 흘렀다. 아마 1년이 지났을 것이다. 어느 날 가축을 돌보던 왕과 공주는 점심 식사 준비를 시작했다. 왕은 공주에게 물을 길어 오라고 한 뒤 모닥불을 피우고 있었다. 물가에 간 공주는 화들짝 놀랐다. 멋진 옷을 입은 잘생긴 청년이 자신을 향해 황급하게 달려오고 있었기 때문이다. 청년은 거위 사냥을 나왔다가 공주의 아름다움에 넋이 빠져 서둘러 공주를 향해 달려온 것이었다. 공주는 물통을 집어 던지고 아버지에게 달려갔고 청년은 그 뒤를 쫓아갔다.

청년은 왕과 공주에게 정중히 인사한 뒤 그들 근처에 자리 잡고 앉았지만 서로 특별한 이야기를 나누지는 않았다. 왕은 감히 청년을 똑바로 쳐다볼 엄두도 못 냈다. 청년은 왕과 공주에게 온정의 표시로 돈을 좀 남겨 놓고 떠났다. 왕이 공주에게 말했다.

"누구의 아들일까? 대상의 아들일까 아니면 왕의 아들일까? 창피해서 물어보지도 못했구나."

청년은 왕자였다. 그는 공주를 보자마자 첫눈에 사랑에 빠졌다. 그는 궁궐로 돌아온 뒤 먹지도 마시지도 않았다. 너무 놀란 왕이 왕비에게 물었다.

"도대체 무슨 일이오? 왕자에게 무슨 일이 있소?"

이리저리 다니면서 다른 사람들에게도 물었다. 그런데 한 신하가 눈을 동그랗게 뜨면서 말했다.

"왕자님이 사냥을 나갔다가 목동의 딸을 보고 사랑에 빠졌습니다. 이 아가씨와 결혼하기를 원합니다."

왕과 왕비는 화들짝 놀랐다.

"도대체 무엇이 부족해서 왕자가 목동의 딸과 결혼을 하려 한단 말이오! 하고많은 아가씨들을 두고 말이오!"

왕자가 말했다.

"다른 아가씨들은 싫습니다!"

왕과 왕비는 끝없는 슬픔에 빠졌고 이 결혼을 허락해야 할지 말지 도무지 갈피를 잡을 수가 없었다. 왕이 왕비에게 물었다.

"그런데 목동이 딸과 왕자의 결혼을 흔쾌히 허락할까요?"

"일단 중매쟁이를 보내 봅시다."

왕은 목동에게 중매쟁이를 보냈다. 중매쟁이가 목동에게 말했다.

"얼마 전의 일입니다. 왕자님이 당신의 딸을 보고 첫눈에 반했습니다. 그러니 딸이 왕자와 결혼하도록 허락해 주시오."

왕은 이 혼담을 선뜻 받아들이는 대신 이렇게 물었다.

"이 청년이 잘하는 게 뭐요? 청년은 왕자니까 노는 것 말고는 할 줄 아는 게 없지 않겠소? 아무런 기술도 없겠지요."

"그런데 왕자님에게 왜 기술이 필요하지요? 왕자님이라니까요!"

"아니. 아무리 왕자라 해도 아무것도 할 줄 모르는 청년에게 내 딸을 줄 수는 없소. 꼭 결혼을 원한다면 무언가 기술을 배운 다음 다시 찾아오라고 하시오."

이 말을 들은 왕자는 멋진 말을 타고 양탄자 만드는 곳으로 갔다. 어떤 마을에 이르러 양탄자 만드는 기술을 가르치는 곳을 찾았는데 대상이나 부농의 아들은 받지 않고 가난한 고아들만 받는다고 했다. 다 마친 뒤에는 양탄자 기술자 자격증을 준다고 했다. 왕자에게 자격증이 무슨 필요가 있단 말인가! 하지만 왕자는 허름한 옷으로 바꿔 입고 다시 이곳으로 갔다.

"이틀 동안 무엇을 가르쳐 줄 수 있겠소?"

"청년이 아무것도 할 줄 모르는데 이틀 동안 무엇을 배울 수 있겠소? 기술을 배우기에는 일주일도 짧소."

2주 동안 왕자는 양탄자 만드는 법을 배웠다. 그다음 왕자는 다시 멋진 옷으로 바꿔 입고 참을성 없게 급하게 말에 올라탄 뒤 집에 들르지 않고 곧장 목동에게로 가서 자신이 짠 양탄자를 보여 주었다.

"보시오, 기술을 배웠소."

그러자 왕은 청년에게 물었다.

"이 양탄자 만드는 데 며칠이나 걸렸소?"

"하루 걸렸습니다."

"좋소, 양탄자 한 개당 1루블씩 받을 수 있다면 스스로 먹고 살 수는 있겠군. 내 딸을 주겠소. 딸은 들에 나가 있소. 곧장 집으로 데려가지 말고 먼저 내 집으로 오시오."

청년은 목동의 집에 들른 뒤 부모님이 계시는 궁궐로 갔다. 이제 왕은 또 다른 왕의 사돈이 되었다. 왕은 그를 목동 사돈이라고 불렀다. 결혼식이 거행되었다. 식탁에 앉아 먹고 마셨다. 술을 마신 목동 왕은 입이 풀리면서 삶의 역정을 모두 들려주었다.

왕의 이야기를 들은 사돈 왕은 그 자리에서 돌처럼 굳어졌다. 가장 큰 이유는 며느리가 목동의 딸이 아니라 왕의 딸이라는 사실이었고, 또 다른 이유는 자신이 지금은 왕이지만 내일은 목동으로 전락할 수도 있다는 것 때문이었다. 사돈 왕이 말했다.

"알고 보니 왕자라도 기술이 있어야 한다는 말이 쓸데없는 말이 아니었군요. 오늘은 왕이지만 내일은 다른 누군가가 왕이 될 수도 있단 말이죠. 하지만 기술을 가지고 있으면 어디에서도 살아남을 수 있겠지요."

아가씨에게 청혼한 예순 살의 왕

왕이 어찌하다 신하도 없이 사냥을 나갔는데 눈도 뜨지 못할 정도로 심한 모래 바람이 불어왔다. 왕은 길을 잃고 이리저리 헤매다 사막으로 가게 되었다. 이제는 어디로 가야 할지 도무지 알 수가 없었다. 그런데 이게 웬일인가! 멀리서 아스라이 한 줄기 불빛이 비치는 게 아닌가! 왕은 불빛이 비치는 곳으로 가서 창문으로 집 안을 들여다보았다. 이런 황량한 사막에 대체 누가 살고 있단 말인가! 그런데 집 안에는 아가씨가 앉아 있었다.

아가씨는 밖으로 나와 인사한 뒤 왕이 말에서 내리는 것을 도와주었다. 왕이 말을 다 묶자 집 안으로 데리고 가서 음식을 내놓았다. 왕이 물었다.

"부모님은 어디에 계시니?"

"산에 있어요. 그곳에 양을 숨겨 놓았거든요. 우리 나라 왕이 어리석기 때문이에요."

왕은 적지 않게 놀랐지만 아무런 대꾸도 하지 않았다. 아침에 궁궐로 돌아온 왕은 신하들에게 자신이 보고 들은 것들을 낱낱이 들려주었다.

"황량한 사막에 아가씨가 혼자 살고 있네. 그녀의 부모님을 찾게. 그리고 그분들에게 이 아가씨를 제게 줄 수 있는지 물어보게."

신하들은 왕이 말한 곳으로 가서 아가씨의 집을 찾았다. 아가씨는 신하들을 반갑게 맞아 주었다. 신하들이 말을 묶자 직접 말에게 여물과 물을 먹였다. 신하들이 말했다.

"부모님을 만나게 해 줄 수 있느냐? 할 말이 있단다."

"그분들과 이야기할 필요 없어요. 당신들은 제 문제 때문에 찾아오셨으니 저와 이야기를 하면 돼요."

"왕이 네게 첫눈에 반해서 너와 결혼하길 원하신단다."

"정말 좋군요! 왕이 지참금을 줄 수 있다면 기꺼이 결혼하겠습니다. 지참금은 여우 스무 마리, 늑대 스무 마리, 표범 스무 마리, 털 빠진 말 스무 마리, 동물 가죽으로 만든 고삐 스무 개입니다."

"으음… 이건 왕에게는 하찮은 것이지. 네가 청한 모든 것을 하루 만에 구해 줄 수 있을 것이다."

신하들은 왕에게 돌아와서 아가씨의 말을 전하면서 어이가 없다는 듯 너털웃음을 지었다.

"아가씨가 직접 지참금을 요구했습니다."

하지만 왕은 고개를 숙인 채 오랫동안 침묵을 지켰고 왕의 그런 모습에 신하들은 무척 놀랐다. 드디어 왕이 신하에게 말했다.

"그것이 사실이라면 나 대신 이 아가씨를 왕으로 앉히는 것이 나을 것 같네."

신하들은 조금 전보다 훨씬 더 놀랐지만 왕은 아랑곳 않고 말을 계속했다.

"아가씨의 말뜻은 이렇다. 스무 살에는 여우처럼 젊고 민첩하며, 스무 살부터 마흔 살까지는 늑대처럼 사냥감을 찾으러 다니고, 마흔 살부터 예순 살까지는 표범처럼 신중하지만, 예순 살부터 여든 살까지는 털 빠진 말처럼 변할 것이고, 여든 살부터 백 살까지는 동물 가죽으로 만든 고삐와 흡사해 다른 사람에게 큰 이득이 되지는 못한다…."

이미 예순을 넘긴 왕은 너무 부끄러웠고 그 아가씨와 결혼하겠다는 생각을 접었다.

상으로 빵만 주는 왕

아주 오래전에 어떤 왕이 있었다. 어느 날 왕이 신하들을 불러 명령했다.

"이 왕국에서 가장 훌륭한 사람을 찾아 데리고 오게. 또 가장 변변치 못한 사람도 찾아서 데리고 오게. 가장 훌륭한 사람에게는 상을 내리고 가장 변변치 못한 사람에게는 벌을 내릴 것이야."

그 왕국에 사는 한 노인이 바람보다 빨리 이 소문을 듣고 직접 왕을 찾아갔다.

"나는 당신의 명령을 받고 왔습니다. 당신이 나처럼 변변치 못한 사람을 왜 찾는지 모르겠습니다. 궁금한 게 있으면 물어보십시오. 대신 내게 먹을 것을 좀 주십시오."

"노인 양반! 세상에서 당신보다 더 변변치 못한 인간은 없을 것 같군. 옷도 내가 본 사람들 중 가장 남루하고…. 말해 보시오. 원하는 게 뭐요?"

노인은 길게 생각도 않고 단번에 대답했다.

"나는 그리 변변치 못한 사람이 아닙니다. 당신이야말로 누구와 견주어도 빠지지 않을 만큼 변변치 못합니다."

왕은 분노가 치밀어 올라 그 자리에서 일어나면서 칼을

잡아 들었다. 그러나 이때 이미 노인을 보려고 백성들이 와글와글 모여들고 있었다. 왕의 모습을 본 백성들이 심하게 동요하면서 웅성거리더니 모두 한목소리로 말했다.

"그 노인을 건들지 마시고 계속 말하게 두십시오."

왕은 도로 자리에 앉아서 노인에게 명령했다.

"그래, 잘하는 게 뭔지 말해 보시오."

"나는 보석, 종마, 왕족의 혈통을 분별할 줄 압니다."

왕은 즉시 신하들에게 왕의 보석을 바닥에 뿌리라고 명령했고 신하들은 명령에 따랐다.

왕이 노인에게 물었다.

"자, 이 보석들은 어떠냐?"

"모두 가짜입니다. 그냥 유리에 불과합니다."

왕은 다시 분노를 참지 못하고 일어나 노인을 이리저리 마구 흔들기 시작했다.

"왕이시여, 서두르지 마십시오. 나를 죽인들 당신에게 득될 게 없습니다."

이렇게 말한 뒤 노인은 지팡이로 왕의 보석을 완전히 산산조각이 날 때까지 내리치기 시작했다. 그런데 이게 웬일인가! 겉은 보석처럼 반짝반짝 빛났는데 안쪽은 아닌 게 아니라 평범한 유리가 아닌가! 이 광경을 본 왕은 심히 당황했다.

“당신의 보석들은 별 볼 일 없는 유리입니다. 사람들이 당신에게 선물로 주면서 보석이라고 속인 것입니다.”

“정말 훌륭하오! 당신에게 빵 하나를 통째로 주겠소.”

노인은 뛸 듯이 기뻐하면서 배가 터지도록 먹었다. 왕이 신하들에게 마구간에서 말을 데리고 오게 해서 노인에게 종마인지 분별하라고 명령했다.

“이보시오, 당신은 종마를 고를 수 있다고 말했소.”

노인은 작은 개울로 말을 데리고 가라고 말한 뒤 자신도 그곳으로 갔다. 곧 우레와 같은 요란한 소리와 함께 종소리가 나더니 황금 장식으로 치장한 왕의 말이 마구간을 나와 개울가로 향했다. 왕은 말의 뒤를 따라갔고 백성들도 우르르 몰려갔다. 노인은 말을 물속으로 데리고 가라고 명령했다. 노인은 말을 뚫어지게 바라보더니 말을 했다.

“왕이시여! 당신의 말은 종마가 아닙니다. 이놈은 당나귀만도 못합니다.”

왕은 부끄러워서 어디로 숨어야 할지 모른 채 온몸이 빨개지면서 노발대발했다. 왕이 노인에게 물었다.

“내 말이 어째서 종마가 아닌가?”

“이 말은 물속에 들어가면서 물을 마시기도 전에 용변을 보았습니다. 종마처럼 훌륭한 말은 먼저 물을 마신 뒤 용변을 봅니다.”

대경실색한 왕은 말을 죽이라고 명령한 뒤 노인에게 말했다.

“참으로 훌륭하오. 빵 하나를 더 주겠소.”

궁궐로 돌아온 뒤 왕은 노인에게 다시 물었다.

“이보시오! 당신은 왕족의 혈통을 분별할 수 있다고 했소. 내가 어떤 왕족 출신인지 말해 보시오.”

노인은 왕을 자세히 이리저리 둘러본 뒤 말했다.

“신하들만 남고 모두 여기서 나가게 해 주십시오.”

백성들은 모두 궁전 밖으로 나갔고 신하들만 남았다. 그러자 노인이 왕을 다시 한번 뚫어지게 바라본 뒤 말했다.

“왕이시여! 당신은 왕족의 혈통이 아닙니다. 당신의 아버지는 빵 굽는 사람이었습니다.”

왕은 격분해서 무엇을 어떻게 해야 할지 도무지 알 수가 없었다. 노인을 칼로 베려 하자 노인이 말했다.

“나를 죽인다고 한들 당신에게 무슨 이득이 있겠습니까? 나는 이미 한쪽 다리는 무덤에 들어가 있는 늙은이입니다. 먼저 진실을 듣고 나서 죽여도 늦지 않습니다. 여기서 일곱 산을 넘고 일곱 강을 건너면 한적한 마을이 있습니다. 거기에 요리사 노파가 있는데 그 사람이 바로 당신의 어머니입니다. 당신의 아버지는 빵 굽는 사람입니다. 그곳으로 신하들을 보내 진실을 알아 오라고 하십시오.”

왕은 신하들을 보냈다. 신하들은 번개같이 빠른 속도로 그 마을에 도착해 노파의 집을 찾은 뒤 노파에게 말했다.

"두려워하지 마시오. 당신을 해치러 온 것이 아니오. 우리에게 진실을 말해 주시오. 우리 나라는 여기서 일곱 산을 넘고 일곱 강을 건넌 곳에 있소. 왕에게 어떤 남루한 노인이 왕족의 혈통이 아니라고 하면서 아버지가 빵 굽는 사람이라고 했소. 믿기지 않는다면 노파에게 물어보라고 했소. 제발, 진실을 말해 주시오. 노인의 말이 진실이오?"

신하들의 말을 주의 깊게 들은 어머니가 말했다.

"맞는 말이오. 불행하게도 왕비가 계속 딸만 낳았소. 어느 날 왕비가 아이를 가졌는데 왕이 왕비에게 자신의 뒤를 이을 아들이 필요하니 이번에도 딸을 낳으면 죽이겠다고 했소. 그런데 애통하게도 왕비는 또 딸을 낳았소. 마침 그날 나는 아들을 낳았소. 이를 안 왕비가 내게 밀가루 10푸트[8]와 금을 보내면서 아이들을 바꾸자고 했소. 나는 왕비가 가여워서 아이를 바꾸었소. 내 아들이 지금 당신들의 왕이 맞소."

이 말을 듣고 침통해진 신하들은 왕에게 돌아와 노파에게 들은 이야기를 숨김없이 들려주었다. 왕도 혼이 나갈 정

8) 옛 러시아의 중량 단위로 1푸트는 16.3킬로그램이다.

도로 놀란 건 마찬가지였다. 왕은 생각했다.

'그런데 노인이 이 사실을 어떻게 알았을까?'

노인에게 큰 빵 하나를 더 주면서 물었다.

"자, 이제 말해 보시오. 당신은 내가 빵 굽는 사람의 아들인 걸 어찌 알았소."

"그냥 짐작일 뿐입니다. 매번 내게 빵을 상으로 주었는데 이는 당신의 아버지가 빵 굽는 사람이기 때문이 아니겠습니가?"

왕은 노인의 지혜에 감탄해 많은 선물을 주었고 집도 지어 주면서 말했다.

"그런데 내가 빵 굽는 사람의 아들이란 사실을 절대 입 밖에 내지 마시오."

못된 왕에게 벌을 내린 피리 쿠라이

오래전에 어떤 왕이 있었다. 이 왕은 지독하게 악독하고 탐욕스러웠다. 왕은 아주 가혹하게 백성들을 탄압했다. 왕은 매주 이발을 했고 매번 새로운 이발사를 불러 이발이 끝난 뒤에 죽였다. 백성들은 항상 공포에 떨었지만 왕에게서 벗어날 수 있는 방법을 몰랐다. 물론 왕을 제압할 수 있는 사람도 아무도 없었다.

찢어지게 가난한 노부부에게 세 아들이 있었다. 어느 날 왕은 노부부의 큰아들을 이발사로 불러들였다. 왕에게 간 큰아들이 돌아오지 않았다. 일주일 뒤 왕은 둘째 아들을 불렀다. 왕에게 간 둘째 아들 역시 집으로 돌아오지 않았다. 노부부는 감당하기 힘든 슬픔에 젖어 있었다. 일주일 뒤 왕이 막내아들을 불렀다. 노부부는 무척 가난했다. 집에는 먹을 것이 하나도 없었다. 어머니는 그래도 큰아들과 둘째 아들에게는 가는 도중 먹으라고 음식을 챙겨 주었지만 막내아들에게는 아무것도 챙겨 줄 수가 없었다. 어머니는 자기 젖에 명아주 가루를 섞어 과자를 구웠다. 이 과자를 받아 든 막내는 부모님께 작별을 고한 뒤 길을 떠났다. 마을 끝자락에 도착해 마지막으로 자신이 태어나고 자란 고향 마을을 아련

하게 바라보았다. 다정하게 속삭이는 개울물, 향기로운 초원과 숲, 그늘진 숲과 정든 산들과 작별을 고할 때 커다란 슬픔이 가슴에 밀려오면서 막막해졌다.

며칠 뒤 막내아들은 궁궐에 도착했다. 그를 왕에게 데려가니 왕은 그에게 자신의 날카로운 면도기를 주면서 이발을 하라는 명령을 내렸다. 왕이 왕관을 벗었다. 그런데 그 순간 막내아들은 너무 놀라 그 자리에서 얼음처럼 꽁꽁 얼어 움직일 수가 없었다. 왕의 머리에 뿔이 자라고 있었기 때문이다. 하지만 놀랄 겨를이 없었다. 막내아들이 이발을 마치자 왕은 이 말 한마디를 던진 뒤 밖으로 나갔다.

"저기 가서 앉아 있어라."

막내아들은 너무 배가 고파서 마지막 남은 과자를 꺼내 먹었다. 그때 방으로 들어온 왕은 막내가 무언가를 너무 맛있게 정신없이 먹는 것을 보고 화들짝 놀랐다. 그런 음식을 여태 본 적도, 먹은 적도 없는 왕은 막내가 먹는 것이 궁금했다. 왕이 말했다.

"네가 먹는 게 무엇이냐? 나도 먹어 볼 수 있겠느냐?"

막내아들은 과자를 잘라 왕에게 주었다. 과자를 다 먹은 뒤 왕이 말했다.

"세상에 이럴 수가! 정말 맛있구나! 무엇으로 만들었느냐?"

“어머니 젖에 명아주 가루를 섞어서 만들었습니다.”

왕은 큰 충격을 받은 나머지 어떻게 이 상황을 정리해야 할지 몰랐다.

‘내가 저 아이 어미의 젖으로 구운 과자를 먹었다니! 그럼 이제 나는 저 아이의 동생이 되는 건데… 그런 일은 절대 있을 수 없지! 게다가 저 아이를 죽이지 않으면 모두에게 내 머리에 뿔이 있다고 떠들겠지. 저 아이로부터 벗어나려면 아직 아무도 간 적이 없는 깊은 숲속에다 버리는 게 좋겠어! 그러면 쥐도 새도 모르게 죽겠지.’

왕은 신하들을 불러 막내아들을 아주 깊은 숲에 데려다 놓으라고 명령했다. 신하들은 막내아들의 손과 다리를 꽁꽁 묶고 눈을 가린 뒤 말을 타고 숲속으로 끝없이 끌고 갔다. 깊은 숲에 도착한 뒤 말에서 막내아들을 끌어내려 들짐승들만 다니는, 사람은 절대 다닐 수 없는 곳에 던져 놓았다.

막내아들은 풀뿌리와 열매를 먹으면서 근근이 목숨을 이어 갔다. 활과 화살을 만들어 동물을 사냥하고 동물 가죽으로 옷을 만들어 입었다. 늘 부모님이 그리웠다. 마음은 고향 땅에 가 있지만 이곳이 어딘지, 어떻게 해야 고향에 갈 수 있는지 도무지 알 수가 없었다.

그러던 어느 날 숲을 돌아다니다 피곤에 지친 막내아들이 나무 아래서 쉬고 있을 때 갑자기 바람이 세게 불어왔다.

어디선가 신비한 소리가 들려왔다. 막내아들은 얼른 일어나 소리가 나는 곳으로 달려갔다. 어디로 가는지도 모른 채 아주 오랫동안 걸어 마침내 소리가 나는 곳에 도착했다. 산꼭대기였다. 그곳에서 막내아들은 어여쁜 꽃봉오리를 달고 있는 무수히 많은 꽃을 보았다. 그 꽃들이 바람에 흔들리면서 황홀하고 신비한 소리를 내고 있었다. 막내아들은 이 꽃을 꺾어 긴 피리를 만들어 입에 대고 불었다. 이럴 수가! 정신이 아득할 정도로 황홀한 소리가 흘러나왔다. 막내아들은 친구가 생긴 것 같아 하늘을 날 듯이 기뻤고 매일 아주 오랜 시간 피리 연습에 열중했다. 마침내 집에서 부르던 노래, 머릿속에 들어 있던 노래를 연주할 수 있게 되었다. 마음이 한결 가벼워지고 평안해졌다.

피리를 불면서 무작정 걷던 막내아들은 어찌어찌 고향에 가게 되었다. 집이 아스라이 보이지만 너무 지치고 피곤해 마을 어귀에 앉아서 피리를 불었다. 고향 사람들은 황홀한 소리를 듣고 막내아들에게 모여들었다.

막내아들은 왕이 젊은 남자들을 모조리 죽이고 있으며 자신은 어찌어찌해서 죽음을 면했다는 등 보고 겪은 모든 일을 고향 사람들에게 이야기했다. 그 순간 모든 백성이 왕에 대항해 봉기를 일으켜 왕을 징벌했다. 이후 바시키르 사람들 사이에 쿠라이 이야기는 세대에서 세대로 전승되고 있다. 바시키르 사람들은 지금도 쿠라이로 영혼을 울리는 노래를 연주한다.

지혜로운 바시키르인 이야기

이상한 형제

아주 오래전에 세 형제가 있었는데 낙타 두 마리를 기르고 있었다. 형제는 낙타들을 아주 높은 울타리에 묶어 놓았다. 어느 날 밤 낙타들이 땅으로 떨어졌다. 큰형이 말했다.

"얘들아, 울타리가 굉장히 높은데 아마 도둑도 키가 무척 큰 것 같아."

둘째가 말했다.

"키가 크다면 분명 잡아먹었겠네."

막내가 말했다.

"잡아먹었다면 그의 이름은 분명 무사겠네."

그렇게 결론을 내린 뒤 무사라는 이름을 가진 사람을 찾아 나섰다. 도중에 우연히 키가 크고 턱수염이 없는 남자를 만났다. 형제들이 물었다.

"이름이 뭐요?"

"무사요!"

"세상에! 드디어 만났군. 하늘도 무심하지 않군. 이 넓은 세상에서 무사란 이름의 사내를 만나게 해 주다니. 우리 낙타를 내놓으시오!"

"당신들 낙타를 왜 내게서 찾소! 정말 이상한 사람들이

군!"

"안 그러면 관가로 갑시다."

형제들은 무사를 관가로 끌고 갔다. 재판에서 지금까지의 일을 낱낱이 고했다. 판사는 형제들에게 관가 앞에 놓인 통에 든 것을 한 주먹 쥐어 오라는 명령을 내렸다. 그러고는 물었다.

"내 손에 있는 게 무엇이냐?"

형제들이 차례로 대답했다.

"무언가 동그란 것 같습니다."

"작은 낟알 같습니다."

"낟알이라면 수수가 분명합니다."

판사가 주먹을 열자 거기에는 수수가 있었다. 판사가 무사에게 말했다.

"빨리 가서 이들에게 낙타들을 돌려주도록 해라."

"에이, 이봐, 새벽 어스름에 낙타들을 훔쳐 왔는데 도대체 어떻게 알아냈어!"

그렇게 세 형제는 뛰어난 추리력을 이용해 잃어버린 낙타를 찾았고 지금도 서로 우의를 돈독하게 다지면서 살고 있다. 큰형이 말하면 둘째 형이 덧붙이고 막내는 형들의 말을 입증한다.

아버지를 소금처럼 사랑한 딸

왕에게 딸이 셋 있었다. 어느 날 왕이 딸들을 불러서 묻자 큰딸부터 차례대로 대답했다.

"너희는 나를 얼마만큼 사랑하느냐?"

"저는 꿀보다 더 사랑합니다."

"저는 사탕보다 더 사랑합니다."

"저는 소금처럼 사랑합니다."

왕은 위 두 딸의 대답을 듣고 무척 기뻤지만 막내딸의 대답이 영 마음에 들지 않았다. 어떻게 아버지를 짜디짠 소금에 비교할 수 있단 말인가! 왕은 화가 났다. 그래서 첫째와 둘째는 이웃 왕자들과 결혼을 시켰지만 막내딸은 복수를 하기 위해 가장 가난한 사람과 결혼을 시키기로 마음먹었다.

한 노인이 외아들과 같이 살고 있었다. 아들은 스물다섯이 되었는데도 늘 요람에 누워 있었다. 왕은 바로 이 청년과 딸을 결혼시키기로 마음먹었다. 얼마 뒤 아가씨는 처참할 만큼 가난한 이 청년의 집으로 보내졌다.

공주는 생계를 유지하기 위해 돈을 벌어야 했다. 쉼 없이 바느질과 뜨개질을 했다. 공주가 모자를 만들면 시어머니가 그것을 시장에 가지고 나가서 팔았다. 어느 날 시어머니가 시장에 가려는데 공주가 가시가 많은 나뭇가지 한 쌍을 가져다 달라고 부탁했다. 시어머니는 나뭇가지를 가지고 왔다. 공주가 이 가시가 달린 나뭇가지로 요람에 누워 있는 남편을 이리저리 때리자 남편이 벌떡 일어나더니 일을 하기 시작했다. 공주는 남편에게 일하는 것을 가르쳤다. 남편은 굉장히 능력이 있었다. 어느 순간부터 가족의 삶은 궁핍함과는 거리가 멀어졌다.

공주가 아버지 어머니를 손님으로 초대했다. 어머니가 공주의 집에 가자고 하자 아버지는 완강하게 거부했다. 왕과 왕비는 싸우고 또 싸웠다. 결국 왕비가 이겼다.

공주는 식탁에 음식을 차려 놓았다. 섭섭하지 않을 정도로 많은 음식을 차렸다. 얼마나 음식이 맛있는지 먹지 않을 수가 없었다. 손님들은 음식을 먹으면서 공주를 입에 침이 마르게 칭찬했는데 왕만은 인상을 쓰면서 아무것도 먹지 않았다. 공주가 아버지의 음식에는 소금을 전혀 넣지 않았다. 그 순간 왕은 자기 잘못을 깨달았다.

"얘야, 내가 잘못했구나. 소금이 없으니 다 맛이 없구나."

궁전으로 돌아온 왕은 공주에게 재산을 나누어 주었다. 그들은 오랫동안 행복하고 편안하게 살았다고 한다.

영리한 제화공

먼 옛날 어느 나라 수도의 변두리 마을에 가난한 제화공이 살았다. 그는 살면서 단 한 푼도 모아 본 적이 없었다. 아침부터 밤까지 쉬지 않고 일해서 돈을 벌면 바로 그날 가족들의 식비로 다 들어가고 남는 게 없었다.

제화공은 가난했지만 늘 즐겁고 행복했다. 아침마다 일터로 가면서 노래를 불렀고 저녁에 집으로 돌아올 때는 지나가는 사람들과 농담을 주고받으면서 즐거워했다.

이 나라의 왕은 매우 악독하고 탐욕스러웠다. 그에게는 병사, 스파이, 밀고자가 많았다. 왕은 백성들을 노예처럼 부렸다. 어느 날 왕은 백성들이 어떻게 사는지, 무슨 말들을 하는지 직접 보고 듣고 싶었다. 왕은 남루하게 입고 어둠이 내려앉자 거리로 나갔다. 오랫동안 거리를 돌아다니면서 창문 안을 들여다보기도 하고 문 옆에서 집 안에서 하는 이야기를 엿듣기도 했다. 하지만 아무리 돌아다녀도 특별한 것은 없었다. 누군가는 하루 벌이를 계산했고, 누군가는 손해를 봐서 우울해했으며, 누군가는 아내와 싸우고 있었고 또 누군가는 아이들을 혼내고 있었다. 그러다가 왕은 마을의 제일 끝에 있는 아주 작은 집에 갔다. 이 집에서만 노랫소리,

웃음소리, 농담 소리가 들렸다. 왕은 처음에는 놀랐지만 잠시 뒤에는 너무 화가 났다. 집주인이 누구인지, 무엇 때문에 이렇게 즐거워하는지 궁금했다. 문을 두드렸다. 주인이 문을 활짝 열고 낯선 이를 반갑게 맞이하면서 안으로 들어오라고 했다. 왕은 들어가서 주위를 둘러보았다. 가만 보니 무척 가난했다. 식탁에 차려진 음식도 형편없었는데 식탁에 둘러앉은 사람들의 얼굴은 하나같이 기쁘고 행복해 보였다.

왕은 주인이 안내하는 자리에 앉아 음식을 하나씩 맛보았다. 왕은 즐거워하는 얼굴을 보고 있자니 갑자기 울화가 치밀었다. 울화가 치밀었다기보다는 그냥 이 나라에서 행복한 사람을 보는 게 익숙하지 않았다는 게 맞을 것이다. 무엇이 그렇게 행복한지 가족들에게 물어보기로 했다.

"이보시오, 미안하지만 한 가지 묻겠소. 당신은 직업이 뭐요? 그리고 어째서 평일인데도 축제 날처럼 이렇게 행복해하시오?"

"나는 제화공입니다. 보시다시피 가난합니다. 나는 시장에 조그만 가게를 하나 가지고 있습니다. 그곳에서 신발을 수선하지요. 낡은 곳에는 새 가죽을 대 주고 해진 부분은 꿰매 준답니다. 아침부터 밤까지 일을 하지요. 하루 종일 벌어서 저녁에 먹을 음식을 사면 끝입니다. 날마다 먹을 게 있으니 하루하루가 축제나 다름없지요."

"누군가 당신의 가게를 닫으라고 명령한다면 어떻게 하겠습니까?"

"말도 안 되죠! 그런 일은 절대 있을 수 없죠. 그러면 우리 가족은 모두 굶어 죽습니다. 그런 일은 있어서는 안 됩니다. 얼마나 못된 사람이면 그런 이상한 생각을 할 수 있을까요?"

왕은 조금 더 앉아 있다가 작별 인사를 하고 궁궐로 들어갔다. 아침에 골목과 광장, 시장에 전령사를 보내 왕의 명령을 전하게 했다.

"오늘은 왕이 쉬는 날이니 모두 일을 멈추고 가게를 닫도록 해라!"

왕의 머리에서 고작 생각한다는 것이 이것밖에 안 된다는 사실에 백성들은 적잖이 놀랐다. 백성들은 왕을 힐난했다. 하지만 아무리 욕을 해도 왕의 천성이 못되고 거칠어서 누구도 막을 수가 없다. 모두 가게 문을 닫고 집으로 돌아갔다.

어두워지자 왕은 어제처럼 옷을 입고 궁궐을 나가 곧장 제화공의 집으로 갔다. 왕은 주위를 둘러보면서 생각했다.

'지금도 어제처럼 즐거울까? 오늘도 축제 날처럼 행복할까?'

가족들은 아무 일 없다는 듯 식탁에 둘러앉아 식사를 했고 농담을 주고받으면서 웃었다. 제화공은 어제의 손님을 반갑게 맞이했다.

"어서 오세요. 여기 앉으세요."

"당신은 오늘도 축제 같군요. 오늘 왕의 포고문을 못 읽은 것이오? 아니면 그냥 왕의 명령을 어긴 것이오? 돈이 어디서 나서 음식을 구했소?"

"제기랄, 망할 놈의 왕 같으니! 말도 안 되는 지령이나 생각해 내고! 아무리 그래도 나와 내 가족은 굶어 죽지 않아요. 어떻게 했냐고요? 사람들이 물건을 들고 가는 것을 도와주고 물을 길어다 주어서 아주 조금 돈을 벌었지요. 덕분에 음식을 사 와서 지금 저녁 식사를 하는 중이오."

왕은 짜증이 났다. 제화공의 즐거움과 행복을 어떤 방법으로도 꺾을 수가 없다니…. 왕은 조금 더 앉아 있다가 정체가 들통나기 전에 밖으로 나왔다.

다음 날 이른 아침 제화공에게 왕의 하인이 찾아와서 궁궐로 들어오라는 명령을 전했다. 궁궐에 가자 왕의 명령이라며 제화공의 허리띠에 육중한 철검을 매달고 궁궐 입구에서 보초를 서라고 했다.

"움직이면 안 돼. 조금이라도 움직이면 왕이 네 목을 칠 거야."

불쌍한 제화공은 종일 보초를 섰고 집으로 아무것도 가져올 수 없었다. 이런 일도 제화공의 행복과 즐거움을 꺾을 수는 없었다. 제화공은 노래를 부르면서 집으로 돌아갔다. 가는 길에 굵은 나뭇가지를 꺾어 계속 깎으니 허리띠에 묶여 있는 검과 똑같은 모양이 되었다. 제화공은 칼집에 나무검을 집어넣고 철검은 상인에게 팔았는데 얼마나 많은 돈을 받았는지… 온갖 음식을 다 살 수 있었다. 집에 돌아가 아내에게 말했다.

"자, 음식을 준비하시오. 왕이 나를 보초로 세워 둔 것은 정말 잘한 일인 것 같소. 오늘 정말 푸짐하게 먹게 되었잖아."

왕은 속으로 이렇게 생각하면서 이날도 제화공의 집으로 갔다.

'오늘은 정말로 제화공의 기분이 별로일 거야. 가족은 모두 굶고 있을 거고 제화공은 얼굴을 찌푸리고 있을 거야.'

그러나 집에 들어간 왕은 눈을 의심하지 않을 수가 없었다. 제화공은 전날보다 훨씬 기분이 좋았고 음식도 훨씬 푸짐하게 차려져 있었다.

제화공은 왕의 방문을 기뻐했고 마치 오래된 친구처럼 맞이하며 포옹했다. 웃으면서 왕의 철검을 팔고 대신 자신이 만든 목검을 꽂아 놓은 이야기를 들려주면서 아내에게 말했다.

"검을 이리 가져와서 친구에게 보여 주시오."

아내가 검을 주자 모두 정신없이 웃고 먹고 마신 뒤 왕은 떠났다. 아침에 다시 제화공은 궁궐 문에서 보초를 서게 되었다. 그런데 가만히 보니 그의 허리띠에는 철검이 아니라 목검이 매달려 있었다. 목검 덕분에 어제처럼 무겁지는 않았다. 왕은 생각했다.

'그래, 오늘은 제화공의 정신을 쏙 빼 놓겠어. 언제까지 그렇게 즐거워할 수 있는지 두고 보겠어!'

왕은 아침 식사를 맛있게 하고 아주 만족스러운 기분으로 왕좌에 앉아 있다가 문득 생각했다.

'제화공의 부정행위를 어떻게 폭로할까….'

왕은 옆에 있던 하인에게 창고지기를 불러오라고 했다. 창고지기가 오자 왕은 발을 구르면서 소리쳤다.

"너는 도둑이고 거짓말쟁이야! 창고에서 100루블어치 금을 훔치고 내게 달콤한 말을 해 내 눈을 멀게 했어! 당장 보초를 불러와서 이자의 목을 치도록 해라!"

하인은 눈 깜짝할 사이 왕의 명령을 이행했고 문 옆에서 보초를 서던 제화공은 왕 앞으로 끌려갔다.

왕은 제화공이 자신을 알아보지 못하도록 왕관은 바로 눈 바로 위까지 내리고, 등은 살짝 구부리고, 얼굴은 약간 가린 상태에서 말을 했다.

"네 칼로 이자의 목을 베라. 이자는 창고에서 금을 훔친 도둑이다."

아무 죄도 없이 느닷없이 그런 상황에 처한 창고지기는 처음에는 너무 놀라 돌처럼 굳어졌으나 조금 있다 정신을 수습하면서 왕 앞에 무릎을 꿇고 눈물을 뚝뚝 흘리면서 애원했다.

"제발, 왕이시여! 저는 어떤 죄도 지은 적이 없습니다. 제 양심은 깨끗합니다. 평생 저는 왕을 위해 진실하게 일했습니다. 제발 다시 한번 창고를 점검하십시오. 곡식 낟알 하나까지도 제자리에 있을 겁니다!"

왕은 듣고 싶지 않았다.

"집어치워라. 창고를 다시 점검할 필요도 없다. 이제 눈물 따위는 필요 없다! 보초! 너는 왜 그렇게 서 있는가? 명령을 이행해라! 이자의 목을 베어라!"

제화공은 너무 당황한 나머지 어찌할 바를 몰라 하다 석고상처럼 굳어 버렸다. 그러다 검을 치켜들고 다시 또 치켜들어 창고지기의 목을 목검으로 내리치다가 스스로 이성을 잃고 말았다.

"왕이시여! 노여움을 이제 그만 푸십시오! 창고지기를 용서해 주시면 안 되겠습니까? 자비로운 왕이시여! 제발 이 불행한 사람을 용서하시고 벌을 거두어 주십시오. 이자가 왕의 창고에서 곡식 낟알 하나라도 훔쳤다면 앞으로는 절대 훔치지 않겠다는 다짐을 받으면 될 것입니다. 굳이 죽여야 하겠습니까? 정히 그러하다면 이자를 감옥에 집어넣고 다시 한번 생각해 보십시오."

"그럴 필요 없다. 절대 용서하지 않을 것이다. 일벌백계해 다른 자들에게 본보기를 보일 것이다. 왕을 속이면 어떻게 되는지 모두에게 똑똑히 알려 주겠다. 너는 내 일에 끼어들지 말고 명령만 이행하면 된다. 네게 분명히 말했다. 이자의 목을 베라고! 빨리 행동에 옮겨라! 안 그러면 네 목을 베겠다!"

제화공은 생각했다.

'그런데 어쩌지, 목숨은 구해야 할 텐데….'

그러다 문득 영리한 생각이 떠올랐다. 제화공은 지붕 밑에 올라가서 두 손을 올리고 말했다.

"오! 신이시여! 이 사람은 정말로 아무 죄가 없습니다. 제 철검을 목검으로 바꾸어 주십시오! 저를 죄악에서 구해 주시고 죄 없는 자를 죽이는 죄를 짓지 않게 해 주십시오!"

이렇게 말한 뒤 제화공은 칼집에서 칼을 꺼냈고 왕의 근처에 있던 모든 사람은 너무 놀라 입을 다물지 못했다. 철검이 목검으로 변해 있는 게 아닌가! 왕만은 이 일의 비밀을 알고 있었다. 하지만 그는 화를 내지 않았다. 그는 제화공이 곤란한 상황에서 슬기롭게 대처하는 모습이 무척 마음에 들었다. 왕은 창고지기를 풀어 주고 제화공에게 말했다.

"네 지혜를 내게 주어라. 비록 나를 속였지만 네 지혜와 순발력은 칭찬받을 가치가 충분하구나."

왕은 많은 금과 은을 주면서 제화공을 집으로 돌려보냈다. 이후 제화공은 예전처럼 아침부터 밤까지 일을 했고 밤에는 집으로 돌아와 가족과 식탁에 둘러앉아 즐겁게 식사를 하며 행복하게 살았다.

이일키시바이

어느 마을에 바시키르 출신의 아흐메트라는 부유한 상인이 살았다. 마을에서 5베르스타 떨어진 곳에 천막을 설치하고 천 마리가 넘는 말을 비롯한 가축 떼와 대부분의 시간을 보냈다. 그의 목동은 유마구자라는 사람으로 믿을 만했다. 아흐메트는 이 사람을 매우 높게 평가했고 자신보다 더 믿었으며 그에게 모든 가계를 맡겼다. 아흐메트는 목동을 이일키시바이라는 별명으로 불렀다.

어느 날 아흐메트는 이웃에 사는 상인 압둘라와 함께 도시로 가게 되었다. 떠나기에 앞서 압둘라는 고민에 빠졌다. 아흐메트는 왜 그러냐고 물었다. 압둘라는 자신에게는 가축을 맡길 만큼 믿을 만한 목동이 없다고 했다. 그러자 아흐메트가 압둘라에게 말했다.

"자네가 고용인들에게 함부로 대했나 보군. 자네가 진심으로 대해 주면 그들도 자네를 진심으로 대한다네. 내게 유마구자라는 목동이 있네. 나는 그에게 진심으로 대한다네, 그래서 그도 나를 진심으로 대하지. 나는 그를 이일키시바이라고 부르지. 나는 그를 나 자신보다 더 신뢰한다네."

"아무리 믿고 신뢰해도 그런 자들은 모두 한결같아. 아무리 이일키시바이라고 해도 같이 농담을 주고받지는 못하잖아…."

아흐메트는 압둘라의 말에 동의하지 못했고 결국 둘은 싸움이 붙었다. 압둘라가 확신에 차서 말했다.

"네 이일키시바이는 너를 속이면서 어딘가에 가서 사기를 치고 있을 거야."

아흐메트는 이일키시바이가 믿을 만한 사람이라는 입장을 굽히지 않았다. 압둘라가 물었다.

"이일카시바이가 믿을 만한 사람이 아니라는 내 말이 맞으면 너는 내게 무엇을 줄 텐가?"

"내기를 하자. 네 말대로 이일키시바이가 사기꾼이라면 내 말 천 마리, 천막집, 모든 가재도구와 이일키시바이까지 모조리 주겠어."

압둘라는 자신이 틀리면 두 딸을 아흐메트의 아내로 보내고 지참금으로 2000루블을 주겠다고 했다. 떠나기에 앞서 압둘라가 딸들에게 말했다.

"아버지는 아흐메트와 도시로 간다. 아흐메트가 집에 없는 동안 이일키시바이에게 종마를 잡아서 음식을 만들어 달라고 해라."

"알겠습니다. 시키는 대로 하겠습니다."

아흐메트와 압둘라가 떠나자 압둘라의 딸들은 예쁘게 차

려입고 아버지의 말들 중 가장 좋은 놈을 골라 타고 아흐메트의 목장으로 갔다. 천막집에 가서 이일카시바이를 소리쳐 부르자 이일키시바이가 천막집에서 나오면서 미소를 지었다.

"오 세상에! 얼마나 기다렸는지 몰라요."

아가씨들을 천막집 안으로 데리고 들어가서 맛있는 음식을 대접했다. 실컷 먹은 아가씨들은 마유주를 먹고 이일키시바이가 정말로 지혜롭다는 말을 주고받다가 종마 고기가 먹고 싶다고 했다. 그렇게 해 준다면 아가씨들은 밤새도록 이곳에 머무를 것 같아 보였다. 이일키시바이가 대답했다.

"세상에, 아가씨들! 종마 고기가 먹고 싶단 말이죠. 종마를 잡은 뒤 주인에게는 누가 훔쳐 갔다든가 늑대가 잡아먹었다든가 아니면 물에 빠져 죽었다고 하면 되겠죠?"

이일키시바이가 밖으로 나가자 압둘라의 딸들은 드디어 작전이 성공했다며 히히거리면서 웃기 시작했다.

"히히히! 이일키시바이는 거짓말을 안 한다더니… 안 하긴 뭘 안 해!"

종마 고기를 실컷 먹은 뒤 압둘라의 딸들은 목동의 집에서 하룻밤을 자고 아침에 집으로 갔다. 우울한 기분이 된 이일키시바이가 자신을 나무라기 시작했다.

"세상에! 이런 멍청한 녀석이 있나! 아가씨들의 꼬임에 빠져 종마를 죽이다니? 주인이 돌아오면 뭐라고 말할 거야? 잠깐! 의논할 사람이 없으면 모자와 의논하라는 속담이 있지. 모자에게 한번 물어봐야겠다."

이일키시바이는 모자를 나무 꼭대기에 올려놓은 뒤 이야기를 시작했다.

"이봐 모자! 내가 주인이고 네가 이일키시바이니까 사실대로 말해! 알겠지?"

"그래, 이일키시바이, 나 없는 동안 어떻게 지냈나? 별일 없었나?"

"고맙게도 별일 없었습니다. 그런데 안 좋은 일이 있어요. 늑대들이 종마를 잡아먹었어요."

"무슨 말을 하는 거야! 어떻게 종마가 늑대에게 잡아먹혀!"

이일키시바이는 속으로 생각했다.

'사실은 그게 아닌데!'

이일키시바이는 모자에게 건강에 대해 물은 뒤 다시 대화를 시작했다.

"이봐 이일키시바이! 어떻게 된 일이야? 종마가 보이지 않잖아?"

"물에 빠져 죽었어요."

"그럼 가죽과 뼈는 어디에 있지?"

이일키시바이는 너무 당황해 대답을 할 수가 없었다. 다시 모자와 인사를 나누고 자신이 주인이 되어 모자에게 묻자 모자가 답했다.

"우리 종마를 훔쳐 갔어요."

이렇게 대답은 했지만 자신도 적잖이 당황했다.

"도둑이 종마를 훔쳐 갈 수 있다면 우리에게 저렇게 무시무시한 개가 무슨 필요가 있어!"

이일키시바이는 더 이상 이 상황을 벗어날 수가 없었다. 모자에게 말했다.

"이봐, 모자, 다시 한번 더 해 볼게. 좋은 답을 찾지 못하면 이제 그만할래."

다시 건강에 대해 묻고 본격적으로 대화가 시작되었다.

"이봐, 이일키시바이, 그런데 어찌 된 일인지 종마가 보이지 않네. 어디에 있나?"

"주인님, 보십시오. 주인님이 나가자마자 선녀처럼 예쁜 압둘라의 딸들이 찾아와서 종마 고기를 먹고 여기에서 하루 자고 싶다고 했습니다. 저는 그런 아름다운 아가씨들의 말을 거부할 힘이 없었습니다. 제가 종마를 잡아서 아가씨들에게 대접했습니다."

"좋아! 됐어! 손님에게 대접했다니 정말 잘한 일이야!"

"이봐 모자! 그렇게 솔직하게 말을 하다니! 그래, 나도 주인에게 솔직하게 말하는 게 좋겠어."

이일키시바이는 속절없이 두근거리는 마음을 가라앉히고 모자를 쓰고 천막집 밖으로 나갔다. 그때 아흐메트와 압둘라가 도시에서 돌아왔다. 압둘라가 마중을 나온 딸들에게 물었다.

"딸들! 내가 시킨 일은 잘했지?"

"잘하고말고요! 이일키시바이에게 종마 고기가 먹고 싶다고 했어요. 이일키시바이는 종마 고기를 대접하면서 주인에게는 늑대에게 잡아먹혔거나 도둑이 훔쳐 갔거나 아니면 물에 빠져 죽었다고 한댔어요. 우리는 거기서 하룻밤 자고 왔어요."

"딸들아! 잘했다! 정말 고맙다!"

압둘라는 아흐메트를 찾아갔다.

"이봐, 친구, 자네의 이일키시바이가 정말로 믿을 수 있는지 한번 살펴보는 게 어때? 자네가 없는 동안 무슨 일을 꾸몄는지 모르잖아. 우리가 떠난 뒤 내 딸들이 자네 목장에 갔다더군. 이일카시바이가 내 딸들에게 종마 고기를 대접했는데 주인에게는 늑대에게 잡아먹혔거나 도둑이 훔쳐 갔거나 물에 빠져 죽었다고 거짓으로 둘러댄다고 했다는군. 자네는 그가 절대 거짓말을 하지 않는다고 했지? 그래, 지금은 어떤가? 나와 한 약속은 잊지 않았겠지?"

"내 이일키시바이는 정말 믿을 만한 사람이야. 종마 고기를 잡아서 네 딸들에게 대접했다면 내게 그렇게 말할 거야. 종마 고기보다 손님이 더 귀한 것 아닌가? 그러니 그건 문제되지 않아. 하지만 이일키시바이가 나를 속인다면 이것은 다른 문제지. 만일 그렇다면 너와 약속한 것을 모두 지킬게."

둘이 함께 이일키시바이에게 갔다. 천막집에 들어가 인사를 나눈 뒤 아흐메트가 거두절미하고 물었다.

"말을 쭉 둘러보니 어째서인지 종마가 보이지 않는군. 어디에 있나?"

"주인님, 보십시오. 당신이 나가자마자 선녀처럼 예쁜 압둘라의 딸들이 찾아와서 종마 고기를 먹고 여기에서 하루 자고 싶다고 했습니다. 저는 그런 아름다운 아가씨들의 말을 거역할 힘이 없었습니다. 제가 종마를 잡아서 아가씨들에게 대접했습니다. 저에게 벌을 내려 주십시오!"

"아니야! 고맙네! 손님에게 대접한 건 정말 잘한 일이야!"

압둘라가 이일키시바이에게 물었다.

"이보게, 어제 자네는 내 딸들 중 누구와 잤는가?"

"큰딸과 잤습니다."

"고맙네, 자네는 정말로 정직하군."

압둘라는 즉시 큰딸을 이일키시바이의 아내로 보냈다.

작은딸은 지참금 5만 루블을 주면서 아흐메트의 아내로 보냈다. 정직함과 곧은 성격 때문에 이일키시바이는 부자가 되었고 아내와 함께 건강하고 행복하게 살았다.

부자가 된 가여운 굴리비카

아주 오래전에 못된, 정말 못된 여인이 있었다. 여인에게는 친딸과 양딸이 있었다. 양딸의 이름은 굴리비카였다. 계모는 굴리비카에게 밤낮없이 실 잣는 일, 양털 다듬는 일, 빨래 등 온갖 잡일을 다 시켰다. 굴리비카가 아무리 열심히 일을 해도 계모의 마음에 들지 않았다. 어느 날 계모는 굴리비카가 자은 실이 마음에 들지 않았다. 계모는 심하게 화를 내면서 실꾸리를 던져 버렸다. 굴리비카는 슬피 울면서 실꾸리를 찾아다녔다. 아주 오랫동안 집 안 여기저기를 둘러보았지만 결국 찾지 못했다. 굴리비카는 하는 수 없이 실꾸리를 찾으러 밖으로 나갔다. 굴리비카는 만나는 사람들에게 일일이 물어보았다.

"내 둥근 실꾸리가 어딘가로 굴러갔는데 혹시 못 봤나요?"

"저기로 실꾸리 하나가 굴러가던데 네 것인가 보구나."

굴리비카는 더 멀리 찾으러 갔다가 소를 지키는 목동을 만났다.

"내 둥근 실꾸리가 어딘가로 굴러갔는데 혹시 못 봤나요?"

"봤어. 조금 전에 저기로 굴러가던 실꾸리가 네 것인가 보구나."

굴리비카는 더 멀리 찾으러 갔다가 말을 지키는 목동을 만났다.

"내 둥근 실꾸리가 어딘가로 굴러갔는데 혹시 못 봤나요?"

"봤어. 조금 전에 저기로 굴러가던 실꾸리가 네 것인가 보구나."

굴리비카는 구슬피 눈물을 흘리면서 목동이 말한 곳으로 갔다.

"둥근 실꾸리야, 도대체 어디로 갔니? 곧 너를 찾을 수 있겠지? 너를 못 찾으면 집에 돌아갈 수 없을 거야. 계모가 욕을 하면서 나를 때릴 거야."

굴리비카는 쉬지 않고 걸었지만 결국 실꾸리를 찾지 못했다. 굴리비카는 초원을 헤매다 다시 강가로 가게 되었다. 무시무시한 계곡과 숲도 지나갔다. 드디어 어둠이 깔렸다. 주위에는 아무도 없었다. 흉포한 짐승의 울음소리만 숲에서 괴괴하게 들려왔다.

그 순간 굴리비카는 아주 먼 곳에서 희미하게 비치는 불빛을 보았다. 이 불빛 쪽으로 가려면 깊은 계곡과 숲을 지나가야만 했다. 하지만 굴리비카는 어둠과 공포를 억누르면서 불빛을 향해 다가갔고 결국 작은 오두막집을 발견했다. 창문으로 들여다보니 할머니 혼자 양털을 다듬으면서 앉아 있었다. 굴리비카는 수줍게 안으로 들어갔다.

"할머니! 안녕하세요!"

"안녕! 얘야, 이곳에는 어쩐 일이니?"

"할머니, 제 실꾸리가 어딘가로 굴러갔어요. 실꾸리를 찾다가 이곳까지 왔어요. 찾지 못하면 계모가 집에 들여보내주지 않을 거예요."

"얘야, 알았다. 걱정 말고 며칠 동안 내 집에서 지낸 뒤 집으로 돌아가거라."

"그런데 여기서 제가 뭘 하면 되죠?"

"늙은 나를 돌봐 주렴. 음식을 만들어 다오."

"좋아요."

그때부터 굴리비카는 할머니 집에서 지냈다. 아침에 할머니가 말했다.

"얘야, 창고에 가면 수수가 있다. 그걸 빻아서 아침 식사로 블린[9]을 구워 다오."

"할머니, 그런데 어떻게 빻아요?"

"네가 빻고 싶은 대로 대충 빻으면 된다. 그리고 물을 부

---

9) 얇은 팬케이크와 비슷하며 태양을 상징한다.

은 뒤 세게 흔들어라."

굴리비카는 밀을 아주 곱게 빻았고 밀가루 반죽에 물을 넣어 부드럽게 저었다. 반죽은 무척 맛있게 되었다.

"할머니, 블린은 어떻게 구워야 돼요?"

"네가 굽고 싶은 대로 구우면 된다. 탈 때까지 구운 뒤 뒤집어서 다시 탈 때까지 구워라."

굴리비카는 블린을 아주 맛있게 구운 뒤 버터를 발라 할머니에게 주었다.

다음 날 할머니가 말했다.

"애야, 목욕을 하고 싶구나. 목욕탕을 데워 다오."

"할머니, 목욕탕을 어떻게 데워야 하죠?"

"네가 데우고 싶은 대로 데우면 된다. 페치카에 장작을 넣고 불을 세게 지펴라."

굴리비카는 목욕탕을 적당한 온도로 따뜻하게 데운 뒤 목욕탕 문을 닫았다.

"할머니, 목욕탕이 데워졌어요. 거기로 어떻게 데려다 드릴까요?"

"손 뒤를 잡고 목을 밀면서 데려다 다오."

굴리비카는 조심스럽게 할머니를 일으킨 뒤 손을 잡고 천천히, 아주 조심스럽게 목욕탕으로 데리고 갔다.

"할머니, 어떻게 할머니를 두드려 드릴까요?"

"나무 꾸러미의 손잡이로 나를 두드려 다오."

굴리비카는 나무 꾸러미의 손잡이가 아니라 부드러운 잎으로 할머니를 잘 두드려 드리고 나서 조심스럽게 집으로 모시고 갔다.

"애야, 내게 차를 끓여 준 뒤 집으로 돌아가도록 해라."

굴리비카는 할머니에게 달콤한 차를 맛있게 끓여 주었다.

"그럼 할머니, 이제 집으로 돌아가겠어요."

"그렇게 해라. 그 전에 다락에 올라가 보렴. 거기에 녹색 가방이 있다. 그걸 가지고 가라. 그런데 집에 도착하기 전에 열어 보면 안 된다."

굴리비카는 할머니와 작별을 하고 할머니가 선물로 준 가방을 들고 한껏 들뜬 마음으로 집으로 향했다. 굴리비카가 집 마당에 다가가니 문 앞에 있던 작은 강아지가 뛰어나와 멍멍 짖기 시작했다.

"멍멍멍! 죽은 줄 알았던 누나가 부자가 되어 돌아왔네!"

굴리비카는 강아지가 말을 하는 바람에 화들짝 놀라 소리를 질렀다.

"저리 가! 그렇게 사람처럼 말하지 마!"

그리고 강아지를 어루만졌다. 강아지는 굴리비카의 말을 듣지 않았고 여전히 멍멍거렸다.

"멍멍멍! 죽은 줄 알았던 누나가 부자가 되어 돌아왔네!"

계모는 강아지가 멍멍 짖어 대는 소리를 듣고 밖으로 뛰어나왔다. 죽은 줄 알았던 양딸이 마당에 서 있는 것이 아닌가! 분노와 질투로 계모는 뒤로 넘어질 뻔했다.

굴리비카는 집으로 들어가서 가방을 열었다. 대체 이게 무슨 일인가! 굴리비카는 눈을 믿을 수가 없었다. 가방에는 금은보화가 가득 들어 있었다.

이것을 본 계모가 결심했다.

'내 딸도 굴리비카처럼 부자로 만들어야겠어!'

엄마는 친딸의 실꾸리를 밖으로 던졌다. 실꾸리가 데구루루 덱데구루루 굴러갔다. 친딸은 실꾸리를 찾으러 나섰지만 찾을 수가 없었다. 너무 무서웠지만 하는 수 없이 초원으로 나가 길을 따라 걸어갔다. 친딸도 굴리비카처럼 목동들을 만났고 모두에게 물어보았다.

"내 둥근 실꾸리가 어딘가로 굴러갔는데 혹시 못 봤나요?"

"봤어. 조금 전에 저기로 굴러가던 실꾸리가 네 것인가 보구나."

친딸도 하염없이 걷다가 바로 그 할머니 집까지 가게 되었다. 친딸도 할머니 집에서 살게 되었다. 할머니가 말했다.

"얘야, 내게 블린을 구워 다오."

"할머니, 블린은 어떻게 굽는 거예요?"

"네가 굽고 싶은 대로 구우면 된다. 탈 때까지 구운 뒤 뒤집어서 다시 탈 때까지 구우면 된다."

친딸은 할머니가 시키는 대로 했다. 블린은 완전히 새까맣게 탔다.

다음 날 할머니가 말했다.

"얘야. 목욕을 하고 싶구나. 목욕탕을 데워 다오."

"목욕탕을 어떻게 데우면 되죠?"

"네가 하고 싶은 대로 하면 된다. 페치카에 짚을 넣고 태워라. 짚이 다 타면 짚을 더 넣어라."

친딸은 목욕탕을 장작이 아니라 짚으로 데웠다. 그리고 연기와 증기가 다 빠지기도 전에 목욕탕을 닫은 뒤 할머니에게 왔다.

"할머니, 목욕탕이 다 데워졌어요. 그런데 거기까지 할머니를 어떻게 데려가야 하죠?"

"내 손 뒤를 잡고 목을 밀면서 데리고 가면 된다."

친딸은 할머니가 시키는 대로 했다.

"할머니, 어떻게 두드려 드리면 되죠?"

"네가 하고 싶은 대로 하면 된다. 나무 꾸러미 손잡이의 등으로 나를 때려라."

친딸은 할머니가 시키는 대로 한 뒤 목욕이 끝나자 아까처럼 손 뒤를 잡고 목을 밀면서 집으로 데리고 갔다. 집에 돌아오자 할머니가 말했다.

"얘야, 목욕을 했더니 갈증이 나는구나. 차를 끓여 준 뒤 집으로 돌아가도록 해라."

친딸은 할머니에게 어찌어찌 차를 끓여 준 뒤 말했다.

"할머니, 이제 집에 가도 되죠?"

"그래. 집으로 가거라. 그런데 빈손으로 갈 수는 없지 않겠니? 다락에 노란 가방이 하나 있다. 그걸 가지고 가거라. 그런데 집에 도착하기 전에 열어 보면 안 된다."

친딸은 노란 가방을 들고 이미 부자가 된 듯 한껏 들떠서 집으로 향했다. 친딸이 집 마당에 들어서자 그녀를 발견한 강아지가 마당으로 뛰어나와 짖어 대기 시작했다.

"멍멍멍, 부자가 되려고 갔다가 빈손으로 왔네!"

계모는 강아지가 짖는 소리를 듣고 몹시 화를 화면서 강아지를 흠씬 두들겨 팼다.

친딸은 집으로 들어가서 가방의 열쇠를 부순 뒤 의기양양하게 가방을 열었다. 엄마와 딸이 본 것은 과연 무엇이었을까? 가방은 뱀과 개구리로 가득했다. 뱀이 쉭쉭 소리를 내면서 가방에서 기어 나와 엄마와 딸을 물기 시작했다. 계모는 소리를 질렀지만 누구도 도와주지 않았다. 강아지는 그들에게 당한 수모를 잊지 않고 있었을 뿐만 아니라 한술 더

떠서 이들의 불행을 기뻐했다.

"네가 나를 때리고 굴리비카를 구박했지. 뱀에게 물려도 싸!"

강아지는 계모가 자신을 때릴 때 가엽다며 어루만져 주던 굴리비카만 보호해 주었다. 강아지는 굴리비카에게 기어오는 뱀들에게 달려들어 조각냈다. 계모와 딸은 뱀독이 온몸에 퍼지면서 그 자리에서 죽었다. 굴리비카와 강아지는 살아남았고 영원히 계모 따위에 대해서는 잊고 살았다.

사냥꾼 율디바이

바시키르인 사이에는 사람과 떨어져서 홀로 사는 사람은 곰이 갈기갈기 찢어 놓고 사냥에서 뒤처진 사람은 늑대가 먹어 치운다는 속담이 전해진다. 또 우랄 지역의 사냥꾼들 사이에는 동료가 야생 동물에게 잡히면 동물에게 다정하게 대해 적의를 가라앉힌 뒤 구출해야 한다는 말이 전해진다. 그런데 사냥꾼 율디바이의 친구들은 전혀 그런 사람들이 아니었다. 그 바람에 율디바이는 사냥을 나갔다가 거의 죽을 뻔했다. 율디바이는 우랄 지역의 노련한 사냥꾼 얀하리의 외아들이다. 율디바이는 나이 든 부모님과 작은 마을의 언저리에 살고 있었다. 우랄 지역 숲의 정령은 안짱다리 곰, 다른 동물의 새끼들을 좋아하고 이빨이 날카로우며 꼬리가 풍성한 늑대, 거위와 닭을 좋아하는 영악한 여우, 귀가 긴 토끼였는데, 이들은 모두 사냥꾼 얀하리의 손에 들어가면 순한 양이 되었다.

아주 어릴 때부터 율디바이는 아버지와 함께 사냥을 다녔다. 아무리 오랫동안 사냥을 해도 젊은 사냥꾼은 지칠 줄 몰랐다. 어떤 동물을 만나도 겁내지 않았고 용감무쌍하게 아버지를 도왔다. 아버지는 아들에게 늘 이렇게 말했다.

“너는 내 가장 믿음직스러운 동료다.”

아버지의 이 말에 아들은 하늘을 날 것처럼 기뻐했다.

그러나 율디바이가 아버지와 함께 사냥을 다닌 세월은 그리 길지 않았다. 아버지가 돌아가셨다. 율디바이는 어머니와 단둘이 남겨졌고 매우 곤궁하게 살았다. 율디바이는 아버지의 화살통과 활을 가지고 사냥을 해서 어머니를 봉양했다.

어느 날 율디바이의 두 친구가 함께 사냥을 가자고 찾아왔다. 율디바이는 그렇게 하자고 했다. 여름이었다. 사냥꾼들은 산딸기 숲에 갔다. 붉은 구슬이 아가씨의 목을 아름답게 치장한 듯 산딸기가 붉게 영글어 있었다. 사냥꾼들 가까이에 있는 늙은 느릅나무 근처에서 누군가 육중하게 걸어왔다. 곰이었다. 무시무시하고 흉포한 소리를 내면서 곰이 사냥꾼들 앞에 모습을 드러냈다.

율디바이는 칼을 들고 활에 꽂힌 날렵한 화살처럼 곰에게 달려들었다. 하지만 겁이 난 친구들은 뒤도 돌아보지 않고 집으로 달아났다. 율디바이의 집으로 간 친구들은 율디바이의 엄마에게 곰이 율디바이를 갈기갈기 찢어 놓았다고 말했다. 율디바이의 엄마가 소리쳤다.

“친구들은 무사하구나! 내 아들은 곰에게 찢겨 죽게 내버려 두고 너희는 얍삽한 토끼처럼 도망쳐 왔구나!”

엄마는 남편의 낡은 칼을 집어 들면서 말했다

"내 아들은 어디에 있느냐? 같이 가서 내게 보여 줘라! 내 앞에서도 겁쟁이처럼 굴면 곰이 아니라 내가 너희에게 달려들 것이야!"

그들은 율디바이와 곰이 있는 곳으로 갔다. 산딸기 숲을 지나서 늙은 느릅나무가 외로이 서 있는 곳으로 살금살금 다가갔다. 그들은 힘이 없고 알아듣기 힘든 신음 소리와 힘겨운 숨소리를 들었다. 큰 나무 아래 곰이 죽어 가면서 누워 있었다. 곰의 가슴에는 칼이 깊게 꽂혀 있었다. 그 옆에는 피범벅이 된 율디바이가 누워 있었다. 그는 기억을 잃은 상태였다. 세 사람은 율디바이의 상처에 곰 기름을 바른 뒤 곰 가죽을 벗겨 죽어 가는 율디바이를 둘둘 말아서 집으로 데려왔다.

율디바이는 곧 건강을 회복했고, 그 후 마을에서는 그를 무사라고 부르고 두 친구는 겁쟁이라고 불렀다.

게으른 손녀

아주 오래전에 할머니와 손녀가 살았다. 할머니는 너무 늙어서 더 이상 일을 할 수가 없었다. 손녀는 게을러도 너무 게을렀다. 할머니는 해가 갈수록 점점 더 늙고 허약해졌다. 어느 날 손녀에게 말했다.

"먹고 마실 게 필요하구나. 사람들이 씨를 뿌리는데 우리도 씨를 뿌려야 하지 않겠느냐?"

"할머니, 필요 없어요. 할머니는 이미 너무 늙어서 가을에는 이 세상 사람이 아닐 거예요. 그러면 어떤 인정 많은 사람이 나를 가엾게 여겨 가족으로 데려가지 않을까요? 그런데 내가 왜 씨를 뿌려요?"

이렇게 그들은 씨를 뿌리지 않았고 가을이 되었다. 사람들은 들판에서 수확하느라 분주했다. 할머니는 죽지 않았고 손녀를 데리고 가는 사람도 나타나지 않았다. 그들은 굶주리기 시작했다.

어찌어찌 이웃 여인이 왔다가 할머니와 손녀가 아무것도 먹지 못하고 있는 광경을 목격하고는 말했다.

"우리 집에 와서 수수라도 조금 가져가면 좋으련만…."

이웃 여인이 돌아가자 할머니가 손녀에게 말했다.

"애야, 옆집에 가서 수수를 얻어 오너라!"

"꼭 그래야만 돼요? 옆집 수수는 맛이 없을 수도 있어요…."

겨울 내내 할머니와 손녀는 굶주렸고 결국 죽기 직전이 되었다. 봄이 오기 무섭게 손녀가 들판으로 일을 하러 나갔더니 마을 사람들이 비웃었다.

"왜 일을 하고 그러니? 할머니는 늙어서 이제 곧 죽을 것이고 누군가 너를 데려가지 않겠니? 그런데 네게 곡식이 무슨 필요가 있니?"

"아니에요. 저는 비로소 깨달았어요. 괜히 사람들이 밭에 씨를 뿌리고 수확을 하는 게 아니라는 것을요."

세상에서 가장 강한 것은 무엇일까?

언젠가 부부가 딸을 키우면서 살고 있었다. 딸이 성장하자 부모는 사윗감을 찾느라 골머리를 썩였다. 아버지는 딸을 세상에서 가장 강한 청년에게 시집을 보내기로 마음먹었다.

세상에서 가장 힘이 센 청년을 찾기 위해 아버지가 길을 나섰다. 그런데 얼음을 지나가야만 했다. 얼음은 미끄러웠다. 아버지는 넘어지고 말았다. 아버지가 심히 화를 내면서 말했다.

"에이, 얼음, 발을 걸어서 나를 넘어뜨린 거 보니 너는 무척 강한 게 분명해! 내 사위가 되어 다오!"

"태양이 나보다 더 강합니다. 태양은 나를 녹이거든요."

이 말을 들은 아버지는 태양을 찾아가서 말했다.

"이봐, 태양! 너는 얼음을 녹일 수 있어. 그러니 네가 얼음보다 강해. 내 사위가 되어 다오!"

"구름이 나보다 더 강합니다. 구름은 나를 가리거든요."

이 말을 들은 아버지는 구름에게 갔다.

"구름아! 구름아! 너는 태양을 가릴 수 있을 만큼 강하니 내 사위가 되어 다오!"

"비가 나보다 더 강합니다. 비는 나를 뚫고 땅으로 내려가거든요."

아버지는 비에게 갔다.

"이봐 비! 너는 진짜 강한 게 분명해. 너는 구름을 뚫고 지나갈 수 있잖아. 그러니 내 사위가 되어 다오!"

"땅이 나보다 더 강합니다. 땅은 나를 집어 삼키거든요."

아버지는 땅에게 갔다.

"이봐 땅! 네가 세상에서 가장 강해. 너는 비를 집어 삼키잖아. 그러니 내 사위가 되어 다오!"

"풀이 나보다 더 강합니다. 풀은 나를 뚫고 자라거든요."

아버지는 풀에게 갔다.

"풀아! 땅을 뚫고 나오는 걸 보니 너는 정말 강한 게 분명해. 내 사위가 되어 다오!"

"소들이 나보다 더 강합니다. 소들은 나를 먹어 치웁니다."

아버지는 소를 찾아갔다.

"이봐, 소! 아무리 생각해도 너는 굉장히 강해. 풀도 먹어 치우잖아. 그러니 내 사위가 되어 다오!"

"칼이 나보다 더 강합니다. 칼은 나를 자를 수 있습니다."

아버지는 칼에게 갔다.

"이봐, 칼아! 풀을 자를 수 있는 걸 보니 네가 세상에서 가장 강한 게 분명해, 그러니 내 사위가 되어 다오!"

"사람들이 나보다 더 강합니다. 사람들은 나를 부러뜨립니다. 저는 전혀 강하지 않습니다. 사람이 세상에서 가장 강합니다."

그 후 아버지는 사람 중에서 사위를 찾기 시작했다.

지냐트와 탐욕스러운 부자

아주 오래전에 사란바이라는 아주 탐욕스럽고 인색한 부자가 살았다. 어쩌다 사란바이는 시장에 갔다. 아침 일찍 일어나 가는 도중 무얼 먹을까 곰곰이 생각했다.

사란바이에게 무언들 없겠는가! 염소, 양, 오리, 닭, 거위가 각각 천 마리도 넘었다. 밀가루도 대략 천 포대는 족히 쌓여 있었다.

그런데도 사란바이는 이런저런 궁리를 했다.

'거위 한 마리를 잡아서 가는 길에 먹으면 999마리만 남겠지…. 닭 한 마리를 잡아도 999마리가 남겠군. 빵을 구워 가면 밀가루가 999포대밖에 안 남잖아. 그럼 양을 잡아 갈까? 안 되지…. 그러면 양이 999마리만 남게 되잖아. 이렇든 저렇든 내 재산이 없어지겠군!'

사란바이는 어떻게 해야 할지 결정할 수가 없었다. 그래서 옆집에 사는 아주 탐욕스러운 다블렌트바이에게 조언을 구하러 갔다. 다블렌트바이도 시장에 가려던 참이었다. 사란바이가 물었다.

"가는 도중 뭘 먹을 거요?"

"그것 때문에 머리가 깨지려고 하네! 그래서 지냐트에게 그 사람의 거위를 잡으라고 했네! 그 사람도 시장에 갈 거거든."

사란바이는 이 말을 듣고 뛸 듯이 기뻐하면서 가난한 지냐트에게 한걸음에 달려갔다.

"이보시오, 지냐트! 나도 다블렌트바이와 함께 시장에 갈 거예요. 당신의 거위를 삶아 가는 길에 먹읍시다."

지냐트는 가고 싶지 않았지만 부자의 말을 거스를 수가 없었다. 그는 탐욕스러운 사란바이와 다블렌트바이를 데리고 시장으로 향했고 요깃거리로 자신의 거위를 삶았다.

이렇게 가다 어느 마을의 여인숙에서 셋이 하룻밤을 묵게 되었다. 탐욕스러운 부자와 탐욕스러운 이웃은 어떻게든 다른 두 사람을 따돌리고 혼자 거위를 통째로 먹으려는 생각뿐이었다.

탐욕스러운 부자 사란바이가 자면서 좋은 꿈을 꾸는 사람이 거위를 통째로 먹는 내기를 하자고 했다.

자려고 누웠다. 밤새 사란바이와 다블렌트바이는 어떻게든 두 사람을 속여서 자신이 거위를 통째로 먹기 위해 좋은 꿈을 지어내느라 정신이 없었다.

아침에 사란바이는 이야기를 시작했다.

"이보게들, 어젯밤 진짜 좋은 꿈을 꾸었네. 한번 들어 보게. 내가 집에 앉아 있는데 갑자기 집 앞에 준마를 탄 청년이

다가와서 집주인 있냐고 묻는 거야. 내가 나갔지. 그랬더니 이 청년이 '사란바이 씨, 함께 갑시다. 당신을 데리러 왔습니다'라고 하더군. 나는 말에 앉아서 같이 갔지. 그가 나를 데려간 곳은 옛날이야기에도 나오지 않고 어떤 책에서도 읽은 적이 없는 곳이더군. 주위에는 꽃과 나무가 무성하고 사방에서 새가 노래를 부르고 있었어. 천국 같더군. 바로 그때 내게 천사가 다가와서 말했어. '사란바이 씨, 여기 사세요!' 정말 멋진 꿈 아닌가! 정말 신기하더군!"

이번에는 다블렌트바이가 이야기를 시작했다.

"나는 아름다운 백마를 타고 하늘로 날아가는 꿈을 꾸었네. 하늘에 가서 보니 모든 사람이 부유하고 지혜롭더군. 모두 나를 무척 다정스럽게 맞아 주고 내 등을 두드려 주었어."

지냐트의 차례가 되었다.

"두 분은 아주 멋진 꿈을 꾸셨군요. 그런데 두 분이 나를 홀로 남겨 둔 채 한 분은 천국으로, 한 분은 하늘로 떠났지요. 나는 당신들이 언제 올지 알 수 없는 데다 너무 배가 고파서 당신들 것은 남겨 두지 않고 혼자 거위를 다 먹어 치웠어요."

탐욕스러운 사란바이와 다블렌트바이는 너무 놀랐지만 입맛만 다실 수밖에 없었다. 그들은 할 말을 잃고 그냥 집으로 발걸음을 돌렸다.

아브잘릴

아주 오래전 어떤 마을에 부부가 살았는데 그들에게는 아브잘릴이라는 외아들이 있었다. 부부는 너무 가난했다. 가축도 가재도구도 없었다. 얼마 지나지 않아 부부는 죽었다. 어린 아브잘릴은 홀로 남겨졌다. 아버지가 남겨 준 것은 버드나무 가지 한 아름이 전부였다.

어느 날 아브잘릴은 버드나무 가지를 들고 큰 호수로 갔다. 버드나무 가지를 호수에 넣은 뒤 부드러워지자 꼬기 시작했다. 아브잘릴은 긴 줄을 만들고 싶었다. 그러는 사이 호수의 신이 물 밖으로 나와서 물었다.

"뭐 하느냐?"

"줄을 만들고 있습니다. 호수를 줄에 묶어 집에 가지고 가려고요."

"뭐라고! 그게 무슨 말이냐! 멈추어라! 호수는 절대 건드리지 마라. 네가 원하는 것은 다 주마!"

아브잘릴은 곰곰이 생각에 잠겼다. 호수의 신에게 뭘 달라고 할까? 아브잘릴은 오래전부터 멋진 말이 갖고 싶었다.

"이 세상에서 제일 멋진 말을 주세요. 그러면 호수를 그대로 둘게요."

"그건 안 된다! 말은 줄 수가 없다. 말은 달아날 수가 있다. 말이 달아나면 내가 한 일은 다 허사가 아니겠느냐."

"원하는 대로 하세요. 정 그렇다면 호수를 끌고 가는 수밖에 없지요."

호수의 신은 신중하게 생각하고 또 생각한 뒤 아브잘릴에게 말했다.

"으음! 애야! 네가 내 호수를 끌고 갈 정도로 엄청난 무사라면 나와 한번 겨뤄 보자! 네가 이기면 네 소원을 들어 주마. 호수 주위를 달리자. 출발한 곳에 먼저 도착하는 사람이 이기는 걸로 하자!"

"좋아요. 제게는 아직 어린 동생이 있어요. 먼저 당신이 그 아이를 이기면 당신과 결투를 하겠어요."

"그 아이는 어디에 있느냐?"

"숲속에서 자고 있어요. 숲에 가서 관목 더미를 흔들면 그 아이가 곧 일어나 달리기 시작할 거예요."

호수의 신은 숲으로 가서 관목 숲을 흔들었다. 그러자 그곳에서 토끼가 뛰어나왔다. 호수의 신은 토끼의 뒤를 따라 뛰기 시작했지만 도저히 따라잡을 수가 없었다. 호수의 신이 아브잘릴에게 와서 말했다.

"애야, 내기는 삼세번 하는 거다! 이제는 격투를 하자."

"좋아요. 제 할아버지는 여든 살이에요. 당신이 할아버지의 다리를 부러뜨리면 호수를 그대로 둘게요. 할아버지는 버드나무에 누워 계세요. 가서 버드나무를 지팡이로 두드리면 할아버지가 뛰쳐나와 격투를 시작할 거예요."

호수의 신은 버드나무에 가서 지팡이로 자는 할아버지를 깨웠다. 그런데 이것은 곰이었다. 화가 난 곰이 뛰어오면서 거대한 발로 호수의 신을 잡고는 땅에 내동댕이쳤다. 곰에게서 겨우겨우 도망쳐 나온 호수의 신이 아브잘릴에게 말했다.

"네 할아버지는 정말 세더구나! 너와는 싸울 엄두도 나지 않는구나! 내게 키는 700미터이고 얼룩 반점이 있는 말이 있다. 어깨에 말을 얹고 호수 주위를 도는 내기를 하자."

"그럼 당신이 먼저 하세요. 저는 그 뒤에 할게요."

호수의 신은 이 거대한 말을 어깨에 짊어지고 무사히 호수 주위를 돈 뒤 아브잘릴에게 말했다.

"이봐, 이제 네 차례야."

아브잘릴은 줄 꼬는 일을 그만두고 거대한 말에게 다가가서 호수의 신에게 말했다.

"보아하니 당신은 그렇게 힘이 세지 않아요. 당신은 말을 어깨에 둘러멜 줄은 알지만 나처럼 말을 다리 사이에 두는 법은 모르는 것 같아요."

아브잘릴은 말 위에 앉아서 호수 주위를 달렸다. 이제 호수의 신은 약속을 지켜야만 한다는 사실을 깨달았다. 호수의 신은 가장 훌륭한 말을 가지고 와서 아브잘릴에게 주었다. 아브잘릴은 세상에서 가장 멋진 말을 타고 집으로 달려갔다. 그때부터 아브잘릴로프에서는 훌륭한 말이 생산되며 그곳의 젊은이들은 한결같이 무척 용감하고 아름답다.

아민베크

먼 옛날 노부부에게 아민베크라는 아들이 있었다. 노부부는 아민베크가 부유한 상인이 되기를 원했다. 어느 날 부모님은 아들에게 100루블을 주면서 장사를 배워 오라고 했다. 아민베크는 장사꾼이 되기를 원하지 않았다. 오히려 학문과 예술에서 명성을 얻고 싶어 했다.

어느 마을에 도착한 아민베크는 여인숙에서 잠을 잔 뒤 아침에 밖으로 나갔다. 그곳에서 그는 누군가 근처를 지나가면서 사람들에게 큰 소리로 외치는 것을 들었다.

"글 쓰는 것을 배우고 싶은 사람은 이 사람에게로 오십시오!"

아민베크는 이 사람에게 가서 100루블을 주고 1년 동안 글 쓰는 법을 배우기로 했다. 1년이 지난 뒤 아민베크는 모든 사람의 필체를 흉내 낼 만큼 아주 숙련되게 글을 쓰게 되었다. 아민베크는 집으로 돌아왔고 부모님은 아들이 장사하는 법을 배우지 않았다는 사실에 매우 낙담했다.

부모님은 다시 아들에게 100루블을 주면서 반드시 장사하는 법을 배워 오라고 당부했다. 아민베크는 어느 마을에 도착해서 여인숙에서 잠을 잔 뒤 아침에 밖으로 나갔다. 그곳에서 그는 누군가 근처를 지나가면서 사람들에게 큰 소리로 외치는 것을 들었다.

"바둑을 배우고 싶은 사람은 이 사람에게로 오십시오!"

아민베크는 이 사람에게 가서 100루블을 주고 바둑을 배우기 시작했다. 1년 동안 아민베크는 세상에서 가장 뛰어난 바둑 기사가 될 만큼 아주 열심히 배웠다. 아민베크는 집으로 돌아왔고 부모님은 돈을 바둑 배우는 데 탕진했다며 아들을 심하게 질책했다.

하지만 부모님은 또다시 아들에게 100루블을 주면서 반드시 장사하는 법을 배워 오라고 신신당부했다. 아민베크는 어느 마을에 도착해서 여인숙에서 잠을 잔 뒤 아침에 밖으로 나갔다. 그곳에서 그는 누군가 근처를 지나가면서 사람들에게 큰 소리로 외치는 것을 들었다.

"둠비라를 배우고 싶은 사람은 이 사람에게로 오십시오!"

아민베크는 이 사람에게 가서 100루블을 주고 둠비라 연주법을 배우기 시작했다. 1년이 지나자 아민베크는 세상에서 둠비라 연주를 제일 잘할 만큼 최고의 연주자가 되었다. 둠비라 연주를 다 배운 뒤 아민베크는 집으로 돌아왔고 부모님은 아들이 노는 데 정신이 팔렸다며 심하게 질책했다. 부모님은 자신들의 말을 귓등으로도 안 듣는 건달 아들이 너무 창피했다. 부모님은 다른 마을로 이사 가기로 결심했다. 이사를 가는 도중 너무 배가 고팠지만 돈이 없어 음식을 사 먹을 수가 없었다. 부모님은 아민베크에게 심하게 화를 냈다.

"너 때문에 고향을 떠나게 되고 앉은 자리에서 돈을 다 잃어버렸어!" 아버지가 아민베크에게 투덜거리면서 그를 한 상인에게 팔아 버렸다. 어느 날 이 상인의 무리가 사막을 지나가게 되었는데 모두 갈증으로 심히 괴로워했다. 우물을 발견한 사람들은 허겁지겁 달려가서 물통을 내려보냈지만 한 방울도 길을 수가 없었다. 그때 상인이 말했다.

"누가 우물로 내려가서 어떻게든 물을 구해서 갈증을 해결하도록 하자."

상인은 아민베크를 보면서 말했다.

"이봐, 소년! 네가 내려가도록 해!"

아민베크는 줄을 묶고 우물로 내려가서 주위를 둘러보았다. 우물 안에는 물이 없었다. 우물의 한 모퉁이에 금덩어리가 쌓여 있어서 물이 올라올 수가 없었다. 아민베크는 물통에 금을 채운 뒤 끌어 올리라고 소리쳤다. 사람들은 금을 보고는 너무 기뻐하면서 물통을 곧 아래로 내려보냈다. 아민베크는 다시 물통에 금을 채워 보냈다. 그렇게 아민베크는 물통 40통에 금을 채워 위로 보냈다. 금을 다 보낸 뒤 아민베크는 자신을 올려 달라고 소리쳤다. 사람들은 아민베크를 위로 끌어 올리다가 잠시 멈춘 뒤 서로 쑥덕쑥덕 의논했다.

"저 아이가 우물에서 나오면 금을 몽땅 가져갈지도 몰라."

여기까지 생각이 미친 탐욕스러운 상인들은 밧줄을 자른 뒤 계속 길을 재촉했다. 아민베크는 종잇장처럼 우물 바닥으로 나가떨어졌다. 깜짝 놀란 아민베크는 밧줄이 끊어진 것을 보고 이제는 꼼짝없이 죽었다는 생각에 구슬피 눈물을 흘리기 시작했다. 하지만 곧 눈물이 이 상황을 해결해 줄 수 없다는 사실을 깨달았다. 주위를 둘러보다가 드디어 끈 같은 것을 발견했다. 끈을 잡아당기자 문이 열렸다. 그런데 세상에! 그 뒤에 괴물이 앉아 있는 것이 아닌가! 이 괴물은 너무 아파서 앉아 있을 기운조차 없어 보였다. 아민베크는 조심스럽게 그에게 다가가서 옆에 앉았다. 잠시 후 아민베크는 벽에 둠비라가 걸려 있는 것을 보았다. 아민베크는 뛸 듯이 기뻤다. 그는 괴물에게 둠비라를 켜도 되겠냐고 물었다.

괴물은 허락했고 아민베크는 둠비라를 들고 연주를 시작했다. 그 연주가 얼마나 뛰어나고 신비로웠는지 괴물은 아민베크가 둠비라를 연주하는 동안 서서히 기운을 회복했다. 그렇게 괴물은 건강을 완전히 회복할 때까지 둠비라 연주를 들었다.

그때 괴물이 아민베크에게 물었다.

"얘야, 어쩌다 여기에 오게 되었니?"

아민베크는 자신에게 있었던 일을 모두 들려주었다. 괴물은 아민베크에게 화를 내지 않고 이렇게 말했다.

"얘야, 네가 돔비라로 나를 치료해 주었구나. 너는 내게 은혜를 베풀었어."

이렇게 말한 뒤 괴물은 아민베크를 잡고는 우물 위로 올라갔다. 잠시 후 정신을 차리고 보니 이미 우물 옆이었고 전에 아민베크가 타고 왔던 당나귀가 그 자리에 있었다. 괴물은 당나귀 타고 아민베크를 상인들이 있는 곳까지 데려다준 뒤 되돌아갔다.

아무렇지도 않게 나타난 아민베크를 본 상인은 그 자리에서 아민베크에게 편지를 주면서 자신이 도착하기 전에 아내에게 자신의 소식을 전해 아내를 기쁘게 해 달라고 했다.

아민베크는 길을 가다 편지 내용이 궁금해졌다. 도대체 뭐라고 썼을까?

"이 편지를 가지고 가는 청년을 아무도 모르게 죽이시오."

아민베크는 이 편지를 찢어 버리고 상인의 우두머리와 똑같은 필체로 다시 편지를 썼다.

"곧 도착하오. 이 편지를 전해 주는 청년을 우리 집에 편안히 머무르게 하고 좋은 옷으로 갈아입힌 뒤 맛난 음식을 대접하시오."

청년은 이 편지를 상인의 아내에게 전해 주었고 상인은 그로부터 5일 뒤에 도착했다. 상인의 아내는 편지를 읽은 뒤 청년을 아주 다정하게 대했다. 모두 잠자리에 들었다. 도시 전체가 어둠에 싸여 있는데 중심의 대저택만은 불을 환하게 밝히고 있었다. 너무 궁금한 나머지 아민베크가 상인의 아내에게 물었다.

"모두 자는데 저기에는 왜 불이 켜져 있죠?"

"저곳은 도시의 공후가 사는 곳이랍니다. 그는 바둑을 굉장히 좋아한답니다. 아마 지금도 바둑을 두고 있을 거예요. 그와 바둑 대결에서 이기는 자에게 공후 자리를 넘겨줄 것이라고 공언했답니다."

아민베크는 공후에게로 갔다. 공후가 아민베크에게 물었다.

"이봐, 청년, 여기에는 왜 왔어?"

"당신과 바둑 시합에서 이기는 사람에게 공후 자리를 넘겨준다고 해서 왔습니다."

"좋아, 시작하자. 단 조건이 있다. 네가 이기면 네가 이 도시를 다스리게 되겠지만 진다면 네 목을 자르겠다."

그렇게 공후와 아민베크는 바둑을 두기 시작했다. 공후는 아민베크의 말이 움직이지 못하게 자신의 말을 이리저리

옮기면서 바둑에 열중했다. 첫 대결에서 아민베크를 이긴 공후가 제안했다.

"연속하여 세 번을 지는 사람이 지는 걸로 하고 그때 시합을 끝내자."

두 번째 시합이 시작되었고 또 공후가 이겼다. 아민베크에게 말했다.

"이봐, 청년, 네 목을 베지는 않을 테니 지금이라도 빨리 떠나. 아직 늦지 않았어!"

아민베크는 들은 척도 하지 않았고 세 번째 시합이 시작되었다. 아민베크는 세 번 연속 공후를 이겼다. 공후가 말했다.

"나는 이제 너무 늙어서 도시를 다스릴 수가 없구나. 나는 여태 내 자리를 대신할 만큼 지혜롭고 지식이 풍부한 사람을 찾았는데 결국 찾았구나."

그때 아민베크의 옛 주인, 즉 상인이 돌아와서 아내에게 물었다.

"그래, 내가 시키는 대로 했소?"

"예, 시키는 대로 했습니다. 당신은 제게 청년을 집에 편안히 머무르게 하고 좋은 옷으로 갈아입힌 뒤 맛난 음식을 대접하라고 했지요."

"에이, 이 멍청한 여편네! 정말 내가 그렇게 하라고 시켰

단 말이오? 내 편지를 이리 줘 보시오. 내가 뭐라고 썼는지 똑똑히 보여 주리다."

아내가 주는 편지를 받아 든 남편은 너무 놀라 어찌할 바를 몰랐다. 편지에는 이렇게 적혀 있었다.

"곧 도착하오. 이 편지를 전해 주는 청년을 우리 집에 편안히 머무르게 하고 좋은 옷으로 갈아입힌 뒤 맛난 음식을 대접하시오."

너무 놀란 상인이 물었다.

"그 녀석은 지금 어디에 있소?"

"지금 청년은 우리 도시의 공후가 되었습니다."

이 말을 들은 상인은 더욱 놀랐다. 곧 이 도시로 청년의 가여운 부모님이 도착했다. 그들은 아들을 보면서 무척 기뻐했다. 지금 그들은 아들에게 쓸데없이 장사를 가르치려 한 것을 후회했다. 아들은 지식을 얻기를 원했고 결국 이를 얻었다. 공후가 된 청년은 도시에 아이들을 위한 학교를 설립했다. 도시에서 제일 현명한 학자들과 예술의 명인들이 아이들을 가르쳤다. 그들은 아민베크가 도시의 공후로 있는 동안 수많은 아이들에게 여러 학문과 공예술을 가르쳤고 그들의 명성은 전 세계로 퍼져 나갔다.

바시키르 일곱 씨족의 기원 알프 바투르

먼 옛날 아기델리 강변에 노부부가 살았다. 남편은 사냥을 다녔고 아내는 물레로 실을 자아 천을 만들었다. 노부부는 평생 그렇게 살았다. 하지만 아이가 없었다. 죽는다고 한들 아무도 모를 것이며 슬퍼해 줄 사람 하나 없었다.

할아버지는 굉장히 슬펐다. 활과 화살을 들고 도끼를 허리춤에 차고는 집을 나왔다. 얼마나 걸었을까! 어떤 산기슭에 도달했다.

그곳에 앉아서 쉬는데 꿈에 산신이 나타나서 말했다.

"이보시오! 왜 그렇게 슬퍼하오?"

"제법 오랫동안 살았는데 아들도 하나 없답니다. 이제 곧 죽으면 대가 끊어지겠지요. 그게 너무 슬픕니다."

"죽음이 없으면 이 세상에 사람이 태어날 수가 없는 법이오. 아들을 원한다면 스스로 죽으시오."

할아버지는 그렇게 하겠다고 했다. 산신은 바위 뒤로 사라졌고 할아버지는 곰곰이 생각에 잠겼다. 곧 그가 기대고 앉아 있던 바위가 흔들리기 시작했다. 할아버지는 도끼를 쥐고 일어나서 바위를 있는 힘껏 내리쳤다. 그러자 바위가 갈라지면서 거대한 청년이 나왔다. 할아버지는 소스라치게 놀랐다. 청년은 할아버지에게 다가와서 미소를 지으며 말했다.

"이제 저는 당신의 아들입니다."

"아들아! 정말 기쁘구나! 평생 너를 기다렸다!"

할아버지는 예기치 않던 아들의 등장에 뛸 듯이 기뻐하면서 그를 껴안았다.

아들은 힘이 장사였고 몸집은 거대했으며 외모도 빼어났다. 손가락은 다른 사람의 손만 했고 손은 통나무 같았으며 등은 보트 같았고 어깨는 초원처럼 넓었으며 몸집은 전나무만큼 거대했다. 할아버지는 아들에게 활, 화살, 도끼를 주면서 말했다.

"아들아, 이걸 가지도록 해라."

"아니에요. 아버지의 무기는 아버지가 가지고 계세요. 제 무기는 더 크고 단단하게 직접 만들겠어요."

"아니다, 아들아. 이 활과 도끼는 나와 한 번도 떨어져 본 적이 없단다. 네게 물려주는 거다. 이제부터 이건 네 것이다. 받아라. 화살로 새를 잡고 도끼로 나무를 베어라."

아들은 아버지에게서 활을 받아 들고 화살을 끼워 넣은 뒤 화살을 당겼다. 아들이 아주 살짝 당겼을 뿐인데 활이 우지직 소리를 내면서 부서졌고 그 소리로 산이 흔들렸으며 바위가 사방에 굴러떨어지면서 아버지는 알프라는 한 마디만 겨우 남긴 채 죽었다. 처음에 아들은 심히 당황했지만 정신을 가다듬고 아버지의 장례식을 치렀다.

도끼를 날카롭게 갈았다. 얼마나 날카로운지 점검한 뒤 숲속 깊은 곳으로 들어갔다. 그곳에서 전나무를 잘라 화살을 만들고 세 마리 곰의 힘줄로 활줄을 만들어 활에 끼우고 세상을 둘러보러 떠났다.

우랄산맥을 넘어 일곱 걸음을 걸은 뒤 멈추었다. 아주 광활한 평원이 펼쳐져 있었다. 청년은 앉아서 숨을 돌렸다. 반대편 산에서 칸의 딸이 청년을 예의주시하고 있었다. 아가씨는 무수히 많은 말들이 들어갈 수 있을 만큼 큰 천막집에서 살고 있었다. 아가씨는 무사이자 미인이었다. 아가씨는 청년을 자기가 있는 곳으로 부른 뒤 물었다.

"이름이 무엇인가?"

청년은 심히 당황했다. 청년은 사람들에게 이름이 있는지 몰랐다.

"이름이 대체 뭐죠?"

아가씨가 웃으면서 말했다.

"사람들이 너를 뭐라고 부르느냐?"

"죽음에 앞서 아버지가 제게 알프라고 했습니다."

"됐다. 이제부터 너는 무사 알프다. 결투에서 나를 이기면 너와 결혼을 하겠다."

청년과 아가씨 둘이 결투를 시작했다. 이레 밤낮을 싸웠다. 결국 알프가 무사 아가씨를 이겼다. 알프가 말했다.

"자, 아가씨, 약속을 지켜야지."

"내 마음은 이미 오래전부터 당신에게 가 있습니다. 나는 이미 당신의 것입니다. 힘을 겨뤄 봤으니 이제는 함께 삽시다."

"그럼 먼저 이름을 말해 보시오."

"제 이름은 바르힌입니다."

알프는 바르힌을 힘차고 부드럽게 껴안았다. 결혼식을 치른 뒤 함께 살기 시작했다. 아들을 일곱 낳았는데 이들이 바시키르 일곱 씨족의 기원이다. 이 일곱 씨족은 우랄산맥 여기저기에 자리를 잡았다. 알프가 지나온 일곱 평원은 그들의 마을이 되었다.

해 설

바시키르 설화

바시키르인은 고대부터 북아시아 초입의 우랄산맥 기슭에서 삶의 터전을 일구어 왔으며 러시아 연방공화국 내에서 러시아인, 타타르인, 우크라이나인에 이어 네 번째로 규모가 큰 민족이다. 그럼에도 여전히 바시키르인은 우리에게는 낯설고 생소하지만, 그들의 문화에는 동양과 서양의 요소가 미묘하게 융합되어 있다. 따라서 바시키르 문화에서는 때로는 동양의 가부장적 엄격함이, 때로는 서양의 자유분방함이, 때로는 페르시아의 신비함이 느껴진다. 4차 산업혁명으로 세계는 스마트 공동체를 향해 빠르게 나아가고 있다. 이러한 추세라면 가까운 미래에 바시키르인과 우리는 아시아 스마트 공동체의 일원이 되어 만날 수도 있을 것이다. 이 시점에서 우리와 많은 유사점을 지녔지만 널리 알려지지 않은 바시키르인의 민담을 소개해 바시키르인의 문화에 대한 접근성을 높이고자 한다.

이 책에는 바시키르인 이야기가 모두 40편 소개되어 있다. 별 이야기는 6편으로, 북극성, 큰곰자리, 작은곰자리, 은하수 등 별자리의 기원에 관한 바시키르인의 상상력이 잘 그려져 있다. 동물 이야기는 8편으로, 모티프와 주제에 따라 인과응보담, 보은담, 마법담, 소담(笑談)으로 나눌 수 있다. 인과응보담에는 <매와 닭 부부>, <고아가 된 여우>가 있다. <매와 닭 부부>에서 닭 부부는 매의 진주 목걸이와 볏을 탐해 매에게 잠자는 열매를 먹인 뒤 매가 잠이 든 틈을 타서 훔친다. 하지만 잠에서 깨어나 이를 알게 된 매의 위협을 받아 어린 병아리들까지 데리고 도망 다니는 비참한 신세가 된다. <고아가 된 여우>에서는 홀로 사는 여우를 측은히 여겨 곰, 늑대, 개, 토끼가 가족으로 받아들여 준다. 하지만 여우는 동물들이 겨울용으로 비축해 둔 기름을 혼자 먹겠다는 지나친 욕심을 품고 기어이 혼자 다 먹어 치운다. 결국 다른 동물들에게 이 사실이 들통나면서 여우는 한겨울에 차디찬 거리로 쫓겨나는 신세가 된다.

마법담에는 <거위가 알록달록 화려해진 이유>, <갈색 암소>가 있다. <거위가 알록달록 화려해진 이유>에서, 세상에서 가장 아름다운 할리마는 잔인한 콧호스 쿠투이에게 납치되어 죽을 위기에 놓인다. 하지만 간절한 기도로 할리마는 작은 거위로 변신하고 콧호스 쿠투이의 창고에서 빠져나와 목숨을 건진다. 창고에서 나와 강으로 간 할리마는 거위 무리에 합류했다가 다른 새끼 거위에게 쪼이고 그 부분이 검게 변하면서 알록달록한 거위의 시조가 되었다. <갈색 암소>에서 엄마는 돌아가시면서 남매에게 유산으로 갈색 암소를 남겨 준다. 아버지는 어머니가 돌아가신 후 곧 결혼을 하고 새 아내를 위해 갈색 암소를 죽이려 한다. 이때 남매는 아버지에게 부탁해 갈색 암소와 하루를 같이 보내는데, 뜻하지 않게 갈색 암소와 함께 황금, 은, 청동 숲을 차례로 여행한 뒤 집으로 돌아온다.

보은담에는 <늑대에게서 아이를 구한 개 사르바이>, <늑대, 독수리, 황금 물고기와 사냥꾼>, <은혜 갚은 토끼>가 있다. <늑대에게서 아이를 구한 개 사르바이>에서 개 사르바이는 노부부의 사랑을 한몸에 받으면서 행복하게 살았다. 그런데 어느 날 노부부에게 아이가 태어나면서 사랑을 빼앗긴다. 이런 신세를 우울해하던 개 사르바이는 자신을 위해 아이를 데려가겠다는 늑대의 제안을 선뜻 받아들인다. 그런데 정말로 늑대가 아이를 데리고 가자 아이가 가여워진 개 사르바이는 늑대에게서 아이를 찾아오고 이후 노부부는 개 사르바이를 예전과 다름없이 사랑하게 된다.

<늑대, 독수리, 황금 물고기와 사냥꾼>에서 사냥꾼은 늑대, 독수리, 황금 물고기를 사냥했지만 놓아 달라는 부탁을 듣고 선선히 놓아준다. 이후 이 사냥꾼이 못된 마녀의 계

략에 걸려 죽을 위기에 처했을 때 이 동물들의 도움으로 위기를 넘긴다. <은혜 갚은 토끼>는 마음 착한 소년이 어릴 적 고아가 된 토끼를 데리고 와서 기르다가 어른이 되자 숲으로 돌려보낸 후 벌어진 토끼의 보은에 관한 이야기다. 어느 날 부모님은 소년에게 손님을 초대해 오라는 심부름을 시킨다. 그런데 소년은 부모님의 말씀을 기억하지 못하고 마을 사람 모두를 손님으로 초대해 부모님은 커다란 위기에 빠진다. 이 사실을 안 토끼가 숲의 동물 친구들을 동원해 소년과 부모님을 위기에서 구해 준다.

소담에는 <느닷없이 동물의 대장이 된 고양이>가 있다. 이 이야기에서 고양이는 자신을 길러 주던 할머니가 돌아가신 뒤 도둑질로 목숨을 연명하다 들통이 나면서 결국 숲에 버려진다. 그러던 중 고양이가 토끼와 마주쳤다. 그런데 '숲의 모든 동물들을 먹어 치울 거다'라는 고양이의 말에 지레 겁을 먹고 달아나던 토끼가 도중에 만난 여우, 늑대, 곰에게 이 말을 전한다. 사실 고양이는 숲과 숲의 동물들을 무척 무서워한다. 그것도 모른 채 이 동물들이 고양이를 피해 달아나면서 우스꽝스러운 장면들이 벌어진다.

왕 이야기는 14편으로, 모티프와 주제에 따라 지혜담, 교훈담, 인과응보담으로 나눌 수 있다. 지혜담에는 <예렌세 세센>, <투라칸, 야네바칸, 그리고 예렌세 세센>, <강도

를 찾아낸 영리한 공주>, <왕비가 된 영리한 파우키누르>, <왕의 신임을 얻게 된 현명한 농부>, <아크잠>, <왕을 탄복시킨 아가씨>가 있다.

<예렌세 세센>에서 예렌세 세센은 왕과 여행하면서 염소 때문에 싸우고 있는 세 형제의 분쟁을 해결한다. 왕으로 하여금 갈대가 물속에서 자라지만 비가 없으면 자랄 수 없다는 사실을 인정하게 만들고, 아름다운 카라세스를 아내로 맞고, 카라세스를 빼앗아 가려는 왕의 음모를 저지하고, 마침내 최고대신의 자리에 오르게 된다.

<투라칸, 야네바칸, 그리고 예렌세 세센>에서 예렌세 세센은 투라칸과 야네바칸이라는 두 왕의 분쟁을 현명하게 해결한 뒤 한 마디 할 때마다 보석을 하나씩 받게 된다. 이후 자신에 뒤지지 않을 만큼 지혜로운 여인을 아내로 맞이하고, 사냥터에서 싸움이 붙어 거짓말을 했다는 죄로 사형에 처해진 동생을 뛰어난 기지와 순발력으로 구해 낸다.

<강도를 찾아낸 영리한 공주>에서 한 노인은 우연히 금 항아리를 발견해 왕에게 가지고 오다가 강도들에게 빼앗긴다. 왕 앞에 잡혀 온 강도들은 금 항아리를 빼앗은 적이 없다고 발뺌을 한다. 그러자 공주가 기지를 발휘해 이들이 금 항아리를 빼앗아 간 범인임을 밝혀낸다. <왕비가 된 영리한 파우키누르>에서 파우키누르는 숫염소 마흔 마리를 가

지고 가서 새끼 염소 여든 마리를 만들어 오라는 왕의 황당한 명령을 지혜로 이겨 왕을 굴복시킨 뒤 마침내 왕비가 된다. <왕의 신임을 얻게 된 현명한 농부>에서 왕은 자신이 가장 신임하는 신하만 데리고 들판을 산책하던 중 한 농부를 만난다. 농부와 이야기를 나누는 과정에서 왕은 신하의 단점을 알게 되어 신하를 파면하고 대신 농부가 신하가 된다. 왕의 신하가 된 농부는 지혜롭고 공정하게 재판을 해 사형당할 위기에 처한 한 남자를 구한다.

<아크잠>에서 수도승 사비트는 강물에 떠 있는 사과를 먹은 뒤 그 대가로 사과 주인의 딸과 결혼한다. 이들이 낳은 아들은 정말 현명했다. 큰 다툼으로 왕비와 헤어질 위기에 놓인 왕이 수도승들에게 왕비를 계속 곁에 둘 수 있는 방법을 찾아오지 않으면 죽이겠다고 엄포를 놓는다. 이때 수도승들 대신 아들이 왕을 만나, 왕비에게 지난번과 같은 행동을 다시는 하지 않을 것이라고 맹세한다면 왕비와 헤어지지 않을 것이라며 왕의 고민을 풀어 주고 수도승들도 목숨을 구한다. 이후 아이는 왕으로부터 '아크잠'이라는 이름을 선물로 받는다.

<왕을 탄복시킨 아가씨>는 날아가는 거위가 무슨 말을 하는지 알고 싶어 하는 왕에 관한 이야기다. 거위의 말을 궁금해하는 왕에게 한 아가씨가 거위들이 날아가면서 "여자들

은 남자들을 파멸시키기도 하고 출세를 시키기도 한다"는 말을 했다고 전한다. 그 이야기를 들은 왕이 확실한 증거가 있냐고 묻자 아가씨는 그 사례를 들어 왕을 탄복시킨다.

교훈담에는 <하탐타이>, <노인, 성인 하지르, 그리고 왕>, <왕과 가난한 수도승>, <목동이 된 왕>, <아가씨에게 청혼한 예순 살의 왕>, <상으로 빵만 주는 왕>이 있다.

<하탐타이>에서는 왕 하탐타이가 자신보다 더 지혜롭다는 황후, 송곳으로 한 번 찌르면 허허하고 웃는데 또 찌르면 눈물을 흘리는 제화공, 옷을 물에 적신 뒤 첨탑 위로 올라가서 소리를 지르는 일을 반복하는 무예진, 날마다 저녁 9시까지 달걀만 한 다이아몬드를 절구에 빻아 가루로 만든 뒤 바람에 날려 보내는 상인, 벌거벗은 채로 사막을 달리는 남자를 찾아가서 그들의 삶의 배경을 듣고 크게 깨우치는 이야기다.

<노인, 성인 하지르, 그리고 왕>에서 왕은 한 노인에게 성인 하지르를 보여 주면 큰 상을 내리겠지만 보여 주지 못하면 목을 베겠다는 억지를 부린다. 이에 한 청년이 기지를 발휘해 성인 하지르를 흉내 내면서 노인은 목숨을 건지고 왕은 큰 깨우침을 얻게 된다.

<왕과 가난한 수도승>에서 결혼할 왕비를 찾아 떠난

마을에서 수도승을 만난 왕은 청혼을 하러 보냈던 신하들이 청혼은 하지 않고 그 아가씨들을 자기 아내로 맞았다는 사실을 알게 된다. 궁궐로 돌아온 왕은 자신을 배신한 신하들을 처벌하고 처음 청혼했던 아가씨와 결혼한다. <목동이 된 왕>에서 탐욕에 사로잡혀 백성들을 괴롭히던 왕은 '왕을 교수형에 처한다'는 벽보에 지레 겁을 먹고 공주만 데리고 궁궐을 나와 도망을 다니다 목동이 된다. 어느 날 한 왕자가 공주에게 반해 청혼하자 왕은 아무리 왕자라도 가족을 먹여 살릴 수 있는 기술이 있어야만 결혼을 허락하겠다고 한다. 결국 왕자의 부모와 왕자는 신분보다는 기술의 중요성을 깨닫는다.

<아가씨에게 청혼한 예순 살의 왕>에서 사냥을 나갔다 지혜로운 아가씨를 만난 왕은 궁궐로 돌아와 신하들을 시켜 아가씨에게 청혼한다. 하지만 지참금에 대한 아가씨의 말에 담긴 교훈을 깊이 새기면서 자신의 현 상태를 깨닫고 결혼을 포기한다. <상으로 빵만 주는 왕>에서 왕을 만난 한 노인이 왕에게, 왕이 왕족의 혈통이 아니고 아버지가 본디 빵 굽는 사람이라고 한다. 이에 신하들을 시켜 확인해 본즉 왕의 아버지는 빵 굽는 사람이 맞았다. 왕이 이를 어떻게 알았느냐고 하자 노인은 왕이 상으로 빵만 주는데 이는 아버지가 빵 굽는 사람이기 때문이라고 대답한다.

인과응보담에는 <못된 왕에게 벌을 내린 피리 쿠라이>가 있다. 왕은 매주 이발을 했고 매주 새로운 이발사를 불렀지만 이발이 끝나면 이들을 죽였다. 어느 날 가난한 노부부의 막내아들이 왕의 이발사로 불려 갔고 이발이 끝난 뒤 깊은 숲속에 버려졌다. 그러던 중 우연히 산꼭대기에서 신비한 소리를 내는 꽃을 발견해 피리 '쿠라이'를 만들어 불다가 드디어 고향에 오게 되었다. 쿠라이 소리에 감탄한 사람들이 아들의 주위에 모여든다. 이때 아들은 사람들에게 왕의 비리를 폭로하고 사람들이 폭동을 일으켜 왕을 축출한다.

지혜로운 바시키르인 이야기는 12편으로, 모티프와 주제에 따라 지혜담, 인과응보담, 교훈담, 씨족 기원담으로 나눌 수 있다. 지혜담에는 <이상한 형제>, <아버지를 소금처럼 사랑한 딸>, <영리한 제화공>, <이일키시바이>, <지나트와 탐욕스러운 부자>, <아브잘릴>이 있다.

<이상한 형제>에서 세 형제는 연상 작용을 활용해 자신들의 낙타를 훔쳐 간 범인을 찾아낸다. <아버지를 소금처럼 사랑한 딸>에서 막내 공주는 아버지 왕을 소금처럼 사랑한다고 대답했다가 왕의 노여움을 사서 찢어지게 가난한 남자에게 시집간다. 공주는 이에 굴하지 않고 집안을 일으켜 세우고 집으로 부모님을 초대한 뒤 아버지의 음식에는 소금을 전혀 넣지 않는다. 마침내 아버지 왕은 소금의 중요

성을 깨닫는다. <영리한 제화공>에서 제화공은 찢어지게 가난하지만 늘 즐겁고 행복하다. 제화공의 이런 모습에 심술이 난 왕이 제화공의 우울한 모습을 보려고 제화공을 곤란한 상황에 밀어 넣는다. 하지만 제화공은 이를 지혜롭게 극복하고 결국 왕을 탄복시킨다.

<이일키시바이>에서 부유한 상인 아흐메트는 하인인 이일키시바이를 자신보다 더 신뢰한다. 이웃의 압둘라가 아흐메트에게 그 이유를 묻자 본인이 먼저 타인에게 신뢰를 보내면 상대방도 똑같이 행동한다며 압둘라의 행동을 개선하라고 한다. 이에 압둘라는 이일키시바이가 정말 신뢰할 만한 사람인지 시험해 보려고 딸들과 계략을 꾸민다. 그럼에도 이일키시바이는 주인 아흐메트의 신뢰에 답을 하고 압둘라의 큰딸을 아내로 맞이한다.

<지냐트와 탐욕스러운 부자>에서 사란바이와 다블렌트바이는 부자이면서도 지나치게 탐욕스럽다. 어느 날 둘은 도시에 가게 되었는데 자기 재산을 축내지 않으려고 마침 도시에 갈 채비를 하던 가난한 이웃 지냐트에게 거위를 잡으라고 한다. 셋이 도시를 가다 여인숙에서 하룻밤을 묵던 중 사란바이와 다블렌트바이는 어떻게든 자신이 거위를 통째로 먹으려 했으나 지냐트의 지혜에 넘어가 거위는 입에도 못 대고 집으로 돌아온다.

<아브잘릴>에서 부모가 돌아가시면서 홀로 남겨진 아브잘릴의 재산은 버드나무 가지 한 아름이 전부다. 아브잘릴은 버드나무 가지를 들고 호수로 가서 버드나무 가지를 꼬던 중 호수의 신을 만나, 호수를 묶어 집에 가져갈 거라고 말한다. 이 말에 화들짝 놀란 호수의 신에게 아브잘릴은 호수를 남겨 둘 테니 대신 이 세상에서 제일 멋진 말을 달라고 한다. 아브잘릴은 말을 주지 않으려는 호수의 신을 지혜로 물리치고 결국 호수의 신으로부터 세상에서 가장 멋진 말을 받는다.

인과응보담에는 <부자가 된 가여운 굴리비카>, <사냥꾼 율디바이>가 있다. <부자가 된 가여운 굴리비카>에서 굴리비카는 계모가 던진 실꾸리를 찾아다니다 홀로 사는 할머니의 집에 간다. 굴리비카는 며칠 동안 할머니를 지극정성으로 보살펴 주고 할머니가 준 가방을 선물로 받아 왔는데, 그 안에는 금은보화가 가득 들어 있었다. 계모는 샘이 나서 자기 친딸도 할머니에게 보내 가방을 받아 오게 한다. 그런데 그 안에는 뱀과 개구리가 들어 있었고 가방을 열자 뱀과 개구리가 기어 나와 계모와 딸을 물어 죽인다.

<사냥꾼 율디바이>에서 율디바이는 친구들과 사냥을 나갔다가 곰을 만났는데 친구들이 도망을 가는 바람에 혼자 곰과 싸우다 목숨이 위험할 정도로 큰 상처를 입는다. 이 사

실을 안 엄마 덕에 융디바이는 목숨을 건지고 건강을 회복한다. 그날 이후 마을에서 융디바이를 무사, 두 친구를 겁쟁이라고 부르게 되었다.

교훈담에는 <게으른 손녀>, <세상에서 가장 강한 것은 무엇일까?>, <아민베크>가 있다. <게으른 손녀>에서 아주 게으른 손녀가 할머니와 살고 있었다. 손녀는 일이 하기 싫어 봄, 여름, 가을, 겨울을 굶주리고 급기야 죽을 위기에 빠진다. 그제야 손녀는 사람들이 왜 일을 해야 하는지 깨닫고 드디어 들판에 일을 하러 나온다.

<세상에서 가장 강한 것은 무엇일까?>에서 아버지는 딸을 세상에서 가장 강한 청년에게 시집보내기로 마음먹는다. 아버지는 세상에서 가장 강하다고 생각되는 얼음, 태양, 구름, 비, 땅, 풀, 소, 칼을 찾아간다. 하지만 결국 아버지는 사람이 세상에서 가장 강하다는 사실을 알게 되고 사람 중에서 사윗감을 찾는다.

<아민베크>에서 아민베크는 부모님의 기대를 저버리고 1년은 글 쓰는 법, 1년은 바둑 두는 법, 1년은 둠비라 연주하는 법을 배운다. 그런데 이것이 이후 아민베크에게 큰 도움이 되어 아민베크는 도시의 공후가 되었고 도시에 학교를 세워 아이들에게 여러 학문과 공예술을 가르쳤으며 그들의 명성은 전 세계로 퍼져 나갔다.

씨족 기원담에는 <바시키르 일곱 씨족의 기원 알프 바투르>가 있다. 알프가 태어나자마자 아버지가 돌아가셨다. 알프는 아버지의 장례식을 치른 뒤 도끼를 날카롭게 갈고 화살을 만들어 세상을 돌아다닌다. 그러던 중 우랄산맥을 넘어 일곱 걸음을 걸은 뒤 무사 아가씨를 만나 겨루기 시합을 갖는다. 알프는 시합에서 이겨 아가씨를 아내로 맞이하게 되었고 이후 이들이 낳은 일곱 아들이 바시키르 일곱 씨족의 기원이 되었다.

바시키르인은 누구인가?

바시키르인은 언어 계통상 알타이어족 튀르크어파에 속하며 러시아 연방공화국의 바시코르토스탄 공화국에 주로 거주한다. 현재 전 세계에 약 200만 명이 생존해 있는데, 2010년 러시아 연방공화국의 인구 조사에 따르면 1,584,554명이 러시아에 거주하며 그중 1,172,287명이 바시코르토스탄 공화국에 거주한다. 바시키르인의 전통 신앙은 이슬람이다. 바시키르인은 922년 이슬람을 수용했고, 1320~1330년에는 바시키르인 사이에 이슬람 전파가 거의 완료되었다.

바시코르는 이들의 자명(自名)인 '바시코르트' 또는 '바시코르타르'에서 기원하는데, 그 어원에는 '늑대 대장', '꿀벌, 여왕벌', '우랄의 지도자' 등 다양한 의견이 있지만 '늑대 대장'을 의미한다는 입장이 주도적이다.

바시키르어와 문자

바시키르어는 알타이어족 튀르크어파에 속하며 동부, 북서부, 남부 방언으로 나누어진다. 2010년 러시아 인구 조사에 따르면 바시키르인의 71.7%인 1,133,339명이 바시키르어를 사용하며, 14.6%인 230,846명은 타타르어를, 13.7%인 216,066명은 러시아어를 사용한다.

바시키르인은 고대에는 튀르크 계통의 룬 문자를 사용했다. 10세기 이슬람을 수용하면서 아랍 문자가 널리 전파되었고 이에 기초해 튀르크 문어 문자와 볼가 튀르크 방언 문자가 만들어져서 13세기부터 20세기까지 사용되었다.

19세기 중반부터 바시키르 문자 제정 작업이 시작되었으며 이후 여러 차례 굴곡을 거치면서 지금에 이르고 있다. 1923년 아랍 문자에 기초해 바시키르 문자를 제정했지만 1929년 라틴 문자에 기초해 다시 제정했고 1940년 키릴 문자에 기초해 제정한 문자를 현재까지 사용하고 있다.

전통적인 생산 활동

바시키르인의 전통적인 생산 활동은 농경을 겸한 반(半) 유목 가축 사육, 사냥, 양봉, 야생 벌꿀 채취, 새 사냥, 어로, 채집 등이다. 직물, 펠트 및 양탄자 제작, 자수, 가죽 가공, 목재와 철 가공 등의 수공업도 발달했다. 바시키르인은 지역에서 생산되는 철을 이용해 화살촉, 창, 칼, 마구 등을 만들었다. 또 납으로 총알과 산탄을, 은으로는 귀걸이, 목걸이, 장식품 등을 만들었다. 일설에는 바시키르에서 생산되는 철이 러시아에서 가장 품질이 뛰어나다고 한다.

전통 가옥

바시키르인은 19세기까지 반유목 생활을 했지만 이후 러시아 중부 지역과 볼가강 유역의 러시아인이 대거 이주해 오면서 이들의 영향으로 농경과 정착 생활로 전환했다. 동부 바시키르인 중에는 아직도 반유목 생활을 하는 사람들이 있다. 바시키르인의 전통 가옥은 나무집, 흙집이 특징적인

데, 동부 바시키르인 사이에는 펠트 천으로 만든 천막집도 널리 전파되어 있다.

전통 음식

전반적으로 바시키르 음식은 영양가는 풍부하지만 조리법이 무척 단순하다는 점이 특징인데, 이는 겨울 집과 여름 집을 오가면서 반유목을 하는 생활 양식에 기인한다. 바시키르 음식에는 육류, 우유 유제품, 구이 등이 발달했다. 육류 음식 중 가장 대표적인 것은 '바시바르마크'다. 바시바르마크는 '다섯 손가락'이라는 의미의 튀르크어에서 기원하는데, 과거 바시키르인이 포크나 칼 같은 도구를 사용하지 않고 손으로 식사를 했던 흔적을 말해 준다. 바시바르마크는 양고기나 말고기를 삶아서 자른 후 양파와 녹색 채소를 충분히 뿌리고 유제품의 일종인 '쿠루트'로 맛을 낸다. 우리의 순대와 비슷한 '벨리시', 삶은 당근, 계란, 버터 또는 감자와 양파 섞은 것을 안에 넣고 구운 '부켄', 지역 상황이나 가족의 취향에 맞추어 속에 다양한 앙금을 넣은 파이 '두치마키', 우리의 도넛과 비슷한 '부르사키'도 바시키르인이 좋아하는 음식이다.

전통 의상

바시키르인의 전통 의복은 나이와 거주 지역에 따라 크게 다르다. 의복은 주로 양가죽이나 천으로 만들며 산호, 구슬, 조개, 동전, 특히 은전 등의 장신구를 많이 사용한다. 여성용 의상은 앞치마 '야가' 혹은 '하칼', 멜빵 '예메이제크' 혹은 '디크게트', 등 가리개 '인그흐레크', 팔찌 · 귀걸이 · 목걸이 등의 다양한 장신구로 이루어진다. 여성용 모자는 종류가 무척 다양한데 주로 직물이나 동물 가죽으로 만들며 자수로 화려하게 장식한다.

여성용 모자에는 두건 모양의 '카시마우', 아가씨용 모자 '타키야', 모피 모자 '카마 부레크', 구조가 복잡한 '크리브구시', 수건 모양의 '타스타르'가 있다. 바시키르인은 모자로 기혼 여성과 미혼 여성을 구별한다.

남성용 모자는 여성용 모자만큼 다양하지는 않고 주로 모피나 여우 털, 흰색 직물이나 펠트 천으로 만든다. 남성용 모자에는 모피로 만든 '콜락신', 여우 털로 만든 '툴코 콜락신', 튀르크계 사람들에게 공통적인 둥근 모양의 '튜베테이키', 펠트 천, 흰색 나사 천으로 만든 것 등이 있다.

의복에서 여성과 남성 공히 반드시 고수하는 특징은 바지의 통이 넓어야 한다는 점이다. 여성 축제용 윗도리에는 동전, 장식 끈, 무늬로 아주 화려하게 장식하고 자수를 댄 '엘린'이나 '아크 사크만', 화려하게 자수를 놓고 가장자리에 동전을 단 민소매 조끼 '캄줄'이 있다. 남성용 윗도리에는 '카자키니'와 '체크메니'가 있는데 여성용과 달리 단이 짧다.

남성용 의복의 두드러진 특징은 허리띠다. 허리띠는 2.5미터 정도의 길이로 양 가죽, 인조 가죽, 직물로 만들며 버클은 은으로 만든다. 허리띠의 오른쪽에는 가죽으로 만든 큰 사각형 가방인 '캅티르가'나 '칼타'를 매달고, 왼쪽에는 목제 칼을 꽂아 둔다.

전통 스포츠

바시키르 전통 스포츠에는 우리의 씨름과 비슷한 '쿠레시', 활쏘기, 사냥 창과 검 던지기, 말달리기, 말 타고 장애물 뛰어넘기, 줄다리기 '카나타' 등이 있다. 이 중 말과 관련된 스포츠가 가장 인기가 있다. 바시키르인은 스포츠를 무척 좋아한다. 스포츠는 오랫동안 바시키르 민중 축제에서 중요한 위치를 차지하고 있을 뿐만 아니라 현재는 중고등학교의 필수 교과목이다.

전통 음악

바시키르 전통 음악 가운데는 구전 가요 '쿠바이르'가 가장 오래되었다. 구전 가요의 전통이 깊은 만큼 바시키르인 가운데는 즉석에서 작곡과 노래를 할 수 있는 '세세니'가 제법 많다. 바시키르 가요는 멜로디에 맞추어 길게 늘여 부르는 '우준 큐이'와 짧게 끊어서 부르는 '키스카 큐이'가 있는데 여기에는 춤곡 '베이예그 큐이', '타크마크'도 포함된다. 바시키르인 사이에는 목으로 부르는 노래인 '우즐랴우'도 널리 전파되어 있다.

바시키르 전통 악기에는 입에 대고 혀로 소리를 내는 '쿠라이'가 널리 전파되어 있으며 일부 지역에서는 세 줄 현악기 '둠비라'도 만날 수 있다. 바시키르 춤은 매우 독창적이다. 바시키르인은 노래나 쿠라이 연주에 맞춰 춤을 추는데 이때 손뼉으로 리듬과 박자를 맞추고 때때로 '예이예!'라는 탄성을 지른다.

바시키르인은 러시아 공화국에서 소수민족은 아니지만, 문화의 흐름이 고압지대에서 저압지대로 향하듯 주변 강대국의 영향으로 전통 문화는 퇴색하고 민족 정체성은 소멸하고 있다. 강대국 중심의 문화 변화는 기존 문화를 주변부로 물러나게 하고, 주변으로 물러난 문화는 흔적만 남기고 사라져 간다. 취향의 변화, 권력의 논리에 따라 변해 가는 문화를 붙잡을 수는 없지만 그간 이어져 온 문화를 방치하는 것은 후일 인류 문화유산의 손실이자, 안타까운 과거로 기록될 것이다. 이에 바시키르인의 민담 소개가 바시키르인 및 알타이계 소수민족에 대한 인류 사회의 관심을 불러오고 이들의 문화 보존을 인류 차원에서 고민하는 계기가 되기를 바란다.

참고자료

https://ru.wikipedia.org/wiki/Башкортостан

https://ru.wikivoyage.org/wiki/Башкирия

http://prokudin-gorskiy.ru/image.php?no=0661

http://interiorspace.ru/foto-bayshkirskie-kovryi.html

http://www.nat-geo.ru/photo/143413/

http://xn----7sbacsfsccnbdnzsqis3h5a6ivbm.xn--p1ai/info/2-statya/14454-kuraj.html

옮긴이에 대해

엄순천은 러시아어학 박사다. 현재 성공회대 외래교수로 재직 중이며 시베리아 소수민족 언어 및 문화에 관심을 가지고 연구 중이다. 저서로 ≪잊혀져가는 흔적을 찾아서: 퉁구스족(에벤키족) 씨족명 및 문화 연구≫(2016), 역서로 ≪에벤키인 이야기≫(2017), ≪니브흐인 이야기≫(2018), ≪축치인 이야기≫(2018), ≪코랴크인 이야기≫(2018), ≪케레크인 이야기≫(2018) 등이 있다. 연구 논문으로는 <중국 문헌 속 북방지역 소수종족과 퉁구스족과의 관계 규명: 순록 관련 기록을 중심>(2018), <에벤키족 음식문화의 특성 분석 – 인문지형학, 인문경제학, 민속학적 관점에서>(2017) 등이 있다.

바시키르인 이야기

작자 미상
옮긴이 엄순천
펴낸이 박영률

초판 1쇄 펴낸날 2019년 8월 25일

지식을만드는지식
02880 서울시 성북구 성북로 5-11 (성북동1가 35-38)
전화 (02) 7474 001, 팩스 (02) 736 5047
출판등록 2007년 8월 17일 제313-2007-000166호
전자우편 zmanz@commbooks.com
홈페이지 www.commbooks.com

ZMANZ
5-11, Seongbuk-ro, Seongbuk-gu, Seoul, 02880, KOREA
phone 82 2 7474 001, fax 82 2 736 5047
e-mail zmanz@commbooks.com
homepage www.commbooks.com

ISBN 979-11-288-3780-7
979-11-288-3781-4(큰글씨책)
979-11-288-3782-1(PDF 전자책)
책값은 뒤표지에 있습니다.